Weißpflug | Hannah Arendt. 100 Seiten

* Reclam 100 Seiten *

MAIKE WEISSPFLUG, geb. 1978, ist politische Theoretikerin und erkundet die Beziehungen zwischen Wissenschaft, Gesellschaft, Politik und Verwaltung. Seit 2021 arbeitet sie als Expertin für Strategie und Beteiligung beim Bundesamt für die Sicherheit der nuklearen Entsorgung (BASE).

Maike Weißpflug

Hannah Arendt. 100 Seiten

Reclam

2. Auflage
2024 Philipp Reclam jun. Verlag GmbH,
Siemensstraße 32, 71254 Ditzingen
info@reclam.de
Umschlaggestaltung: zero-media.net, München
Infografik (S. 14 f.): © Guter Punkt, München
unter Verwendung von Motiven von Getty Images Plus: © kumahayashi / iStock; © Route55 / iStock; © Nikolaichuk / iStock
Bildnachweis: S. 8: VTR / Alamy Stock Foto; S. 13: picture alliance / Fred Stein | Fred Stein; S. 47: Münchner Stadtmuseum, Sammlung Fotografie, Archiv Barbara Niggl Radloff / CC BY-SA 4.0; S. 54: GRANGER – Historical Picture Archive / Alamy Stock Foto; S. 64: CC PD; S. 69: GEMEINFREI / Library of Congress, Manuscript Division, Hannah Arendt Papers; S. 74: Underwood Archives / UIG / Bridgeman Images; S. 79: History and Art Collection / Alamy Stock Foto; S. 95: NASA / Public Domain; Autorinnenfoto: © Maike Weißpflug
Umschlagmaterial: Creative Print, Schabert
Druck und Bindung: Elanders Waiblingen GmbH,
Anton-Schmidt-Straße 15, 71332 Waiblingen
Printed in Germany 2025
RECLAM ist eine eingetragene Marke
der Philipp Reclam jun. GmbH & Co. KG, Stuttgart
ISBN 978-3-15-020702-4
reclam.de

Für mehr Informationen zur 100-Seiten-Reihe:
reclam.de/100Seiten

Inhalt

»Damit leugne ich nicht, dass das Denken gefährlich ist, würde aber behaupten, dass das Nicht-Denken noch viel gefährlicher ist.«

Hannah Arendt,
Fernsehgespräch mit Roger Errera, Oktober 1973

Vom Wunder des Zusammen-Handelns – Einleitung

Als ich anfing, über dieses Buch nachzudenken, habe ich überlegt, was wäre, wenn ich nicht hundert Seiten, sondern nur einen einzigen Satz über Hannah Arendt schreiben dürfte, in einer Flaschenpost für zukünftige Generationen. Was würde ich sagen? Was wäre ohne Hannah Arendt nicht auf diese Weise in der Welt? Schnell schoss mir durch den Kopf: ihre Idee des politischen Handelns! Doch politisches Handeln – das ist zunächst nur ein Begriff, eine Überschrift. Der Satz müsste es genauer und weniger abstrakt sagen. Und so kam ich zu folgender Formulierung: Arendt erinnert uns daran, dass Menschen Wunder vollbringen können, wenn sie zusammen handeln.

Zum Glück habe ich etwas mehr als nur diesen einen Satz zur Verfügung, um zu erklären, worin diese Wunder bestehen (und was sind schon Wunder) und was »zusammen handeln« bedeuten kann. Es sind Ideen, die wir heute und sicher auch morgen mehr denn je brauchen können. Arendt entwickelt ihr politisches Denken in den dunkelsten Jahren des 20. Jahrhunderts, angesichts der brutalsten Verbrechen in der Menschheitsgeschichte. Es ist ein Denken der Krise, das die Lage analytisch scharf beurteilt und dennoch Hoffnung stiftet. In solchen »finsteren Zeiten« ist die Versuchung groß, sich der Verzweiflung und der Ohnmacht hinzugeben, in eine Schockstarre zu verfallen. Mir geht es selbst häufig so, dass ich mich angesichts der Zerstörung unseres Planeten, der Klimakatastrophe, des Artensterbens, der weltweiten Konflikte und Kriege und des Wiedererstarkens der extremen Rechten bei dem Gedanken ertappe, dass alle Versuche, unsere Gesellschaften anders zu organisieren, vergeblich sind. Dass die wirtschaftlichen und politischen Interessen, die einer Veränderung im Wege stehen, zu groß sind. Dass wir es nicht schaffen, die Verantwortung für diese Welt zu übernehmen, und so den heute geborenen Kindern eine Welt hinterlassen, in der sie mit großer Wahrscheinlichkeit kein gutes Leben werden führen können. Noch schlimmer: dass wir uns selbst belügen, die Probleme weiter leugnen und verdrängen, wie es der Film *Don't Look Up* (2021), in dem ein Asteroid auf die Erde zurast, während sich die Menschheit nicht auf die entscheidenden Gegenmaßnahmen einigen kann, treffend als Sinnbild für die Klimakrise darstellt. Arendt kann in solchen Momenten wie eine gute Freundin sein, die mir hilft, wieder in einen anderen Denkmodus zu kommen. Der Untergang kommt von ganz alleine, wenn er denn kommen muss. Sinn entsteht erst, wenn wir uns handelnd in die Welt einklinken und den Tatsachen ins Auge blicken. Wer weiß, was passieren wird, welche Geschichten dabei entstehen?

Arendts wichtigste Botschaft dabei: Zusammen-Handeln macht Spaß, es stiftet Sinn, auch wenn die Lage aussichtslos scheint. Meine erste Begegnung mit diesem zentralen Gedanken Hannah Arendts ist mir erst im Nachhinein als solche bewusst geworden. Ich war Anfang 20, in der undogmatischen Linken unterwegs und in Amsterdam, als die Kalenderpanden, ein Kulturzentrum in einem besetzten Fabrikgebäude, geräumt werden sollten. Viele Berühmtheiten der niederländischen Kulturszene, unter anderem Geert Mak und die Punkband The Ex, traten bei dem großen Fest auf, das am Abend vor der Räumung in dem Kulturzentrum gefeiert wurde. Und auch die Räumung selbst wurde nicht widerstandslos hingenommen: Bunte Gruppen von Aktivist:innen aus ganz Europa führten eine Vielzahl von Aktionen in der gesamten Stadt durch, am Abend wurden sogar Barrikaden rund um die Kalenderpanden errichtet. Doch als das Kulturzentrum in der Nacht schließlich von der Polizei eingenommen wurde, trafen die Polizist:innen nur ein paar niedliche Ferkel in einem Gatter an. Obwohl wir die Kalenderpanden nicht retten konnten, fuhr ich mit einem stolzen und besonderen Gefühl nach Hause. Wir hatten uns gewehrt, wir hatten viele Menschen aus ganz Europa und mit ganz unterschiedlichen politischen und kulturellen Hintergründen zusammengebracht, wir waren gemeinsam für den Erhalt von Freiräumen eingetreten. Das Wunder der Rettung des Kulturzentrums war zwar nicht eingetreten, aber vorstellbar geworden.

Damals habe ich eher Adorno und Marx gelesen, Hannah Arendt kam mir, obwohl eine Postkarte mit ihrem auf Kant bezogenen Zitat »Kein Mensch hat das Recht zu gehorchen« an der Tür meines WG-Zimmers hing, irgendwie zu konservativ vor. Erst später habe ich entdeckt, dass Arendt das, was ich an diesem Wochenende in Amsterdam erlebt habe, als vielleicht einzige politische Theoretikerin in den Mittelpunkt stellt und begrifflich auf den Punkt bringt: die Freude und die Macht des politischen Handelns und des immer möglichen Neuanfangs.

Arendt ist eine Klassikerin der politischen Ideengeschichte und als solche eine Ausnahmeerscheinung. Sie ist eine der wenigen Frauen, die es in den männlich dominierten Olymp der Philosophie geschafft haben und ein fester Teil des Kanons geworden sind. Diesen Namen hat sie sich verdient, weil sie von vielen Menschen immer wieder neu entdeckt und gelesen wird. Google Trends zufolge ist sie die zweitbeliebteste weibliche Denkerin, nur Simone de Beauvoir ist ein klein wenig populärer und wird häufiger im Internet gesucht. Ein weiteres Indiz: Arendt ist eine Büchertischphilosophin, die in den Buchhandlungen dieser Welt in den Auslagen zu finden ist; vor allem immer dann, wenn Umbrüche und Krisen die Menschen beschäftigen. Diese Abstimmung mit den Füßen scheint mir eine noch größere Auszeichnung zu sein, als auf den Leselisten der Universitäten ganz oben zu stehen. Gerade in Zeiten des Umbruchs und der multiplen Krisen helfen Arendts Gedanken vielen Menschen offenbar bei der Orientierung und dem Verständnis dessen, was gerade passiert. So war es in den Umwälzungen und friedlichen Revolutionen 1989/90 in Osteuropa ebenso wie in den USA nach der Wahl Donald Trumps, als Arendts Buch *Elemente und Ursprünge totaler Herrschaft* – immerhin ein 900-Seiten-Wälzer – sogar kurzzeitig ausverkauft war. Die Arendt-Forscherin Barbara Hahn hat dies in einer Sendung im Deutschlandfunk so beschrieben:

> Viele Leute haben den Verdacht gehabt: Wir müssen nochmal anfangen zu denken, wie das überhaupt kommt, dass Demokratien in totalitäre Systeme kippen. Und dafür braucht man Hannah Arendt. Das hat niemand so präzise durchdacht wie sie.

Es ist erstaunlich, in wie vielen verschiedenen Fragen des politischen Lebens Arendt so aktuell ist, dass ihre Texte wie Blitze aus der Vergangenheit gegenwärtige Probleme erhellen oder vielmehr ein neues Licht auf sie werfen, sei es in Fragen des Rechtspopulismus, zu unserem Umgang mit Natur, der Frage des zivilen Ungehorsams oder mit Blick auf die Probleme einer Arbeitsgesellschaft, der die Arbeit ausgeht. Doch Arendt ist nicht in allem unsere Zeitgenossin. Viele ihrer Aussagen irritieren und stammen tatsächlich aus einer anderen Zeit. Dazu gehören ihre Ausführungen über afrikanische Menschen ebenso wie ihre missverständlichen Kommentare zur US-amerikanischen Bürgerrechtsbewegung. Arendts Blick ist weitgehend eurozentrisch und blind für weite Teile der nichtwestlichen Welt. Das sehen heute viele Menschen kritisch, und sie haben recht. Es ist darum wichtig, beim Lesen von Hannah Arendt – wie bei jeglichem Lesen – den eigenen Kopf einzuschalten, sich ebenso inspirieren zu lassen wie aufmerksam mitzudenken. Theoretiker:innen können inspirierend sein, doch das bedeutet auf keinen Fall, dass sie in allem richtigliegen. Ich schlage vor, Arendt wie eine Freundin zu lesen, mit der man sich gut streiten kann.

Diese 100 Seiten spannen den Bogen zwischen der historischen Person Hannah Arendt (mit ihren Ecken und Kanten) und ihrer politischen Theorie (mit ihren Ecken und Kanten). Die folgenden vier Kapitel stellen jeweils einen Hauptgedanken Arendts in den Mittelpunkt und erzählen Geschichten, stellen Querverbindungen her und beziehen immer wieder aktuelle Fragestellungen ein. Das erste Kapitel beginnt mit Arendts ungewöhnlicher Auffassung von politischer Theorie und erzählt von einer Theoretikerin, die keine Philosophin sein will, sondern mittendrin in den politischen Erfahrungen der eigenen Gegenwart. Das zweite Kapitel erkundet Arendts Auseinandersetzung mit den »finsteren Zeiten«, in denen sie lebte – der NS-Herrschaft, dem Kolonialismus und Rassismus –, nicht ohne einen Blick auf die gegenwärtigen kritischen Debatten, z. B. um Arendts Positionierungen zur Bürgerrechtsbewegung in den USA zu werfen. Das dritte Kapitel führt ins Zentrum von Arendts politischer Theorie. Hier geht es um die Möglichkeit des Neuanfangs und die Frage, welche politische Ordnung Arendt eigentlich favorisierte. Mit diesen Gedanken im Gepäck geht es im letzten Kapitel schließlich darum, wie wir heute, in Zeiten der ökologischen Krise, Arendt neu lesen können – und wie Politik wieder oder vielmehr: endlich! die gemeinsame »Sorge um die Welt« werden kann.

Von der Philosophie zur Politik

Leidenschaftlich denken

Hannah Arendt wird am 14. Oktober 1906 in Hannover geboren und wächst in Königsberg auf. Ihre Eltern Max Arendt und Martha Arendt, geborene Baerwald, stammen beide aus assimilierten jüdischen Kaufmannsfamilien, die im 19. Jahrhundert nach Ostpreußen einwanderten, um den Judenverfolgungen im russischen Zarenreich zu entgehen. Dass Arendt hochbegabt und blitzgescheit ist, stellt sich schon früh heraus: Sie lernt bereits vor dem Kindergarten das Lesen. Später, in ihrem Freundeskreis am Gymnasium, gilt sie als diejenige, die »alles« gelesen hat. Sie vertieft sich in die Schriften von Kant und Kierkegaard und interessiert sich schon zu Schulzeiten brennend für die neuen Strömungen der Philosophie. Nachdem sie im Alter von 15 Jahren der Schule verwiesen wird, weil sie ihre Mitschüler:innen zum Streik gegen einen ungerechten Lehrer aufgerufen hat, studiert sie drei Semester an der Universität Berlin und legt das Abitur ein Jahr früher als ihr Jahrgang als Externe ab.

Arendts Begeisterung für die Philosophie und die Leidenschaft für das Denken hält an, und so wählt sie auch ihren Stu-

Hannah Arendt
mit ihrer Mutter
Martha Arendt,
1914

dienort aus: 1924 zieht es sie nach Marburg, um bei Martin Heidegger Philosophie zu studieren. Der junge Hochschullehrer, der damals an seinem Hauptwerk *Sein und Zeit* arbeitet, gilt in Arendts Freundes- und Bekanntenkreis als Geheimtipp, wie Arendt in ihrer Rede zum 80. Geburtstag Heideggers berichtet: »Das Gerücht sagte ganz einfach: Das Denken ist wieder lebendig geworden. [...] Es gibt einen Lehrer; man kann vielleicht das Denken lernen ...« (*Menschen in finsteren Zeiten*)

Die 18-jährige Hannah stürzt sich dementsprechend leidenschaftlich in ihr Studium. Dazu gehört auch, sich diesen Lehrer zu schnappen und nicht nur seine beste Schülerin zu werden, sondern auch eine – streng geheim gehaltene – Liebesbeziehung mit ihm zu beginnen. Die Affäre dauert bis 1926 an, als Arendt den Studienort wechselt, um bei Karl Jaspers, mit dem sie eine lebenslange Freundschaft verbinden wird, ihr Studium mit einer Doktorarbeit über den Liebesbegriff bei Augustinus abzuschließen.

»Man muss sich wehren«

Arendts Leben im Elfenbeinturm der Philosophie sollte nicht lange dauern, denn schon in ihrer Studienzeit beginnen sich die Zeiten zu verdunkeln. In den frühen 1930er Jahren siedelt sie nach Berlin über und arbeitet an einem Buch über die jüdische Intellektuelle Rahel Varnhagen, die um 1800 herum einen der bekanntesten Salons der Berliner Aufklärung führte. Über die Auseinandersetzung mit Fragen der jüdischen Identität beginnt Arendt, sich neben der Philosophie stärker mit gesellschaftlichen und politischen Themen zu befassen. In dieser Zeit lernt sie auch Kurt Blumenfeld kennen, den Präsidenten der Zionistischen Vereinigung für Deutschland, die sich für den Aufbau eines jüdischen Staats einsetzt. Er wird ihr ein politischer Mentor und Freund. Der Antisemitismus in Deutschland und der Aufstieg der rechten Bewegungen wirkt sich immer stärker auf das Alltagsleben in Deutschland aus. Nach der Machtübernahme durch die Nazis und die antijüdischen und antikommunistischen Maßnahmen 1933 entscheidet sich Arendt, politisch aktiv zu werden. Sie fühlt sich verantwortlich und will dem Geschehen nicht bloß zusehen, sondern etwas tun. Ihre Berliner Wohnung stellt sie politisch Verfolgten zur Verfügung und wird Teil eines Untergrundnetzwerks, das Menschen – zumeist Kommunist:innen – zur Flucht aus Deutschland verhilft. Für die Zionistische Vereinigung dokumentiert und sammelt sie in der Preußischen Staatsbibliothek antisemitische Propaganda. Nach einigen Wochen wird sie bei dieser Tätigkeit entdeckt und auf der Straße verhaftet. Durch etwas Glück und vor allem durch geschicktes Agieren und Verhandeln kommt Arendt nach acht Tagen frei. Es lohnt sich, diese Geschichte anzuhören, die Arendt in dem berühmten Fernsehinterview mit Günter Gaus in der ZDF-Sendung *Zur Person* von 1964 erzählt (Link im Lesereiseführer am Ende des Buches). Dass sie den Anwalt, den ihr die zionistische Organisation zur Verfügung stellt, wegschickt und sich ganz auf ihr Gespür verlässt, um auf eigene Faust freizukommen, lässt ihre Chuzpe und Angstfreiheit erkennen. Nach der gelungenen Flucht kann Arendt jedoch nicht in Deutschland bleiben. Sie entkommt mit ihrer Mutter durch das Erzgebirge nach Prag, von dort aus zunächst nach Genf und schließlich nach Paris. Rückblickend erzählt Arendt, sie sei »sehr zufrieden«, nicht einfach aus Deutschland geflohen zu sein, sondern aktiv etwas getan zu haben. Es ist ihr wichtig, nicht einfach Opfer oder, wie sie sagt, »wenigstens nicht unschuldig« zu sein. In der Geschichte des Widerstands und der Flucht aus Deutschland blitzt zum ersten Mal ein Element auf, das für Arendts politische Theorie ungemein wichtig werden wird. Arendt fasst dies in dem Interview so zusammen:

> Ich gelangte zu einer Erkenntnis, die ich damals immer wieder in einem Satz ausgedrückt habe, darauf besinne ich

mich: »Wenn man als Jude angegriffen ist, muß man sich als Jude verteidigen.« Nicht als Deutscher oder als Bürger der Welt oder der Menschenrechte oder so. Sondern: Was kann ich ganz konkret als Jude machen? Hinzu kam zweitens die klare Absicht: Jetzt will ich mich in der Tat organisieren. Zum ersten Mal. Und organisieren natürlich bei den Zionisten. Das waren ja die einzigen, die bereit waren.

Blickt man in Arendts Biographie, lassen sich Spuren dieses politischen Selbstbewusstseins bereits in ihrem Elternhaus finden. Sie selbst führt diese Haltung auf ihre Erziehung und den Umgang ihrer Mutter mit antisemitischen Anfeindungen in der Schule zurück:

> Der Unterschied bei uns war, daß meine Mutter immer auf dem Standpunkt stand: Man darf sich nicht ducken! Man muß sich wehren! Wenn etwa von meinen Lehrern antisemitische Bemerkungen gemacht wurden – meistens gar nicht mit Bezug auf mich, sondern in bezug auf andere jüdische Schülerinnen, zum Beispiel ostjüdische Schülerinnen –, dann wurde ich angewiesen, sofort aufzustehen, die Klasse zu verlassen, nach Hause zu kommen, alles genau zu Protokoll zu geben. Dann schrieb meine Mutter einen ihrer vielen eingeschriebenen Briefe; und die Sache war für mich natürlich völlig erledigt. Ich hatte einen Tag schulfrei, und das war doch ganz schön. Wenn es aber von Kindern kam, habe ich es zu Hause nicht erzählen dürfen. Das galt nicht. Was von Kindern kommt, dagegen wehrt man sich selber. Und so sind diese Sachen für mich nie zum Problem geworden. Es gab Verhaltensmaßregeln, in denen ich sozusagen meine Würde behielt und geschützt war, absolut geschützt, zu Hause.

Diese klare Haltung ihrer Mutter und der Schutzraum, den sie eröffnet, wird für das Kind Hannah Arendt zur Quelle ihres Selbstbewusstseins und für die Erwachsene zum Keim ihrer politischen Theorie. Sie beobachtet, wie gerade der Antisemitismus »die Seelen der jüdischen Kinder vergiftete«. Arendt nimmt sich fest vor, selbst kein Opfer zu werden. Im Pariser Exil arbeitet Arendt weiter für jüdische Organisationen, zum Beispiel die Jugend-Aliyah, die jüdische Kinder aus Europa nach Israel bringt. Die Pariser Cafés sind auch der Ort, um Gleichgesinnte zu treffen. Unter anderem begegnet Arendt hier ihrem künftigen Ehemann Heinrich Blücher, den sie noch in Paris heiratet und mit dem sie 1940 auf abenteuerliche Weise und mit knapper Not in die USA entkommt. Anderen Freunden gelingt die Flucht nicht. Walter Benjamin etwa, der in Paris ein enger Freund geworden ist und der in denselben Tagen auf einer anderen Route versucht, den Nazis zu entkommen, schafft es nicht. Er nimmt sich an der Grenze zu Spanien, die just an diesem Tag gesperrt worden ist, das Leben.

Als Arendt und Blücher in New York ankommen, schickt sie Günther Anders, mit dem sie vor Blücher kurz verheiratet war und der bereits seit 1939 in Kalifornien lebt und den beiden bei der Visabeschaffung geholfen hat, ein Telegramm: »SIND GERETTET WOHNEN 317 WEST 95= / HANNAH«. Arendt findet sich – im Gegensatz zu Heinrich Blücher, der sich nur langsam mit der neuen Umgebung anfreundet – ziemlich schnell in den USA zurecht. Ja, sie entwickelt eine richtiggehende Amerika-Euphorie, auf die ich später, im Kapitel über »Neuanfänge«, noch zurückkommen werde. Neben dem Kennenlernen der Vereinigten Staaten und dem Lernen der neuen Sprache (sie kann zwar Griechisch, Latein und Französisch, doch Englisch gehört in der europäischen Geisteswissenschaft damals noch

Hannah Arendt 1944

nicht zum Standard) setzt Arendt ihr politisches Engagement fort. Sie publiziert politische Kolumnen in der deutschsprachigen Zeitschrift *Aufbau* und tritt unter anderem für die Gründung einer eigenständigen jüdischen Armee im Krieg gegen Deutschland ein. 1948 schließt sich Arendt der Gruppe um Judah Magnes an, der die Idee eines binationalen Staates Israel vertritt, in dem die arabische Bevölkerung gleichberechtigt integriert werden soll. Die Gründung von Israel als Heimstatt

Hannah Arendts Flucht
aus Deutschland 1933 bis 1941

1 Berlin

Juli 1933: Festnahme

2 Karlsbad

Flucht über die »Grüne Front« im Erzgebirge in die Tschechoslowakei

3 Prag

16. August 1933: Französische Botschaft, Beantragung eines Visums

4 Genf

5 Paris

7. Oktober 1933: Ankunft
1936: Begegnung mit Heinrich Blücher, Heirat 1940
1937: Aberkennung der deutschen Staatsbürgerschaft

6 Lager Gurs

Mai/Juni 1940: Inhaftierung
Juni/Juli 1940: Flucht

7 Montauban

8 Marseille

1940: Walter Benjamin übergibt seine *Geschichtsphilosophischen Thesen* an Arendt

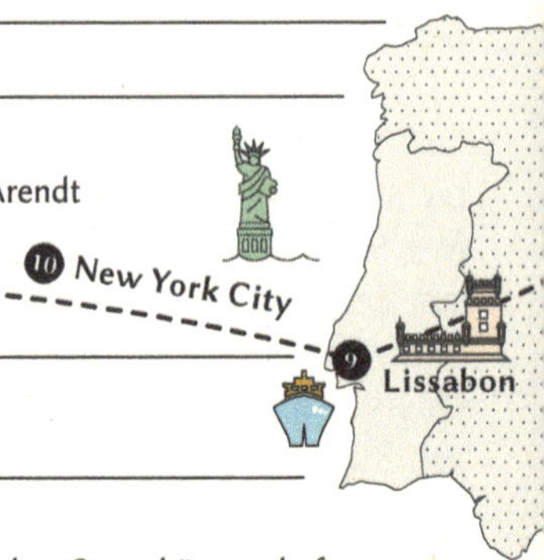

9 Lissabon

Januar 1941: Ankunft mit dem Zug

10 New York City

Mai 1941: Ankunft
1951: Anerkennung der US-amerikanischen Staatsbürgerschaft

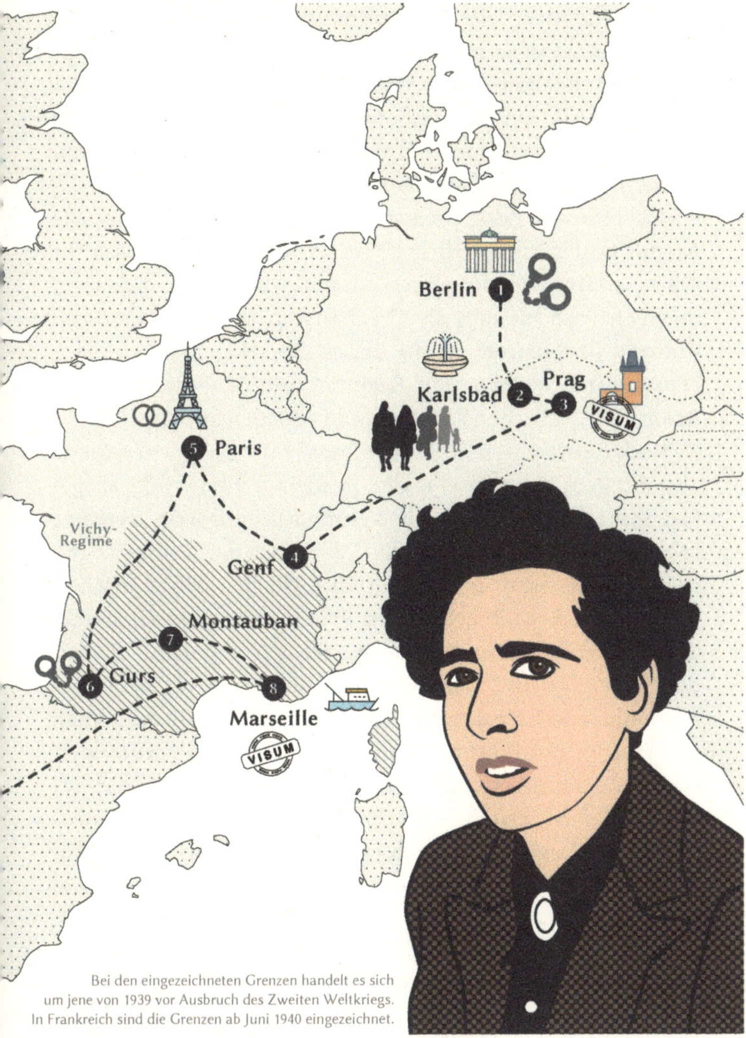

Bei den eingezeichneten Grenzen handelt es sich um jene von 1939 vor Ausbruch des Zweiten Weltkriegs. In Frankreich sind die Grenzen ab Juni 1940 eingezeichnet.

für jüdische Menschen dürfe nicht dazu führen, die arabische Bevölkerung ihrerseits zu Staatenlosen zu machen. Hier entwickelt Arendt zum ersten Mal ihre Idee einer nichtnationalistischen Politik, die sie später auch auf Europa und eine föderal organisierte internationale Ordnung überträgt – eine Welt mit offenen Grenzen, regionalen Bündnissen und internationaler wirtschaftlicher Zusammenarbeit. In den ersten Jahren, die Arendt in den USA verbringt, ist sie weiterhin praktisch für jüdische Organisationen aktiv, ab 1944 als Forschungsleiterin und von 1948 bis 1952 als Geschäftsführerin für die Jewish Cultural Reconstruction. In dieser Funktion fährt sie nach Deutschland, um dort mit Beamten und Behörden über die Restitution jüdischen Kulturguts zu verhandeln.

Nach dieser von politischem Engagement geprägten Phase und mit dem sich einstellenden publizistischen Erfolg, ausgelöst insbesondere durch die Veröffentlichung von *Elemente und Ursprünge totaler Herrschaft*, aber auch durch ihre zahlreichen Artikel, die in renommierten Fachzeitschriften erscheinen, verlegt Arendt sich ab den 1950er Jahren immer stärker darauf, über Politik nachzudenken. Sie versöhnt damit die beiden prägenden Phasen in ihrem Leben: Aus der von der Philosophie geprägten Jugendphase nimmt sie die theoretischen und ideengeschichtlichen Grundlagen, aus der Zeit des Widerstands, der Flucht und des Engagements den Sinn und das Gespür für Politik. Daraus wird ihre Profession: politische Theorie. Zwar engagiert sie sich ab und zu noch einmal in oder für politische Organisationen, wie z. B. die Spanish Refugee Aid (SRA), doch ist sie von nun an im Hauptgeschäft Beobachterin, Kritikerin, Reflektierende, Lehrende. Und sie hat die eine große Frage für sich gefunden: Was ist eigentlich Politik?

Was ist Politik?

Arendts politische Theorie gleicht weniger einem Haus mit festem Grundriss, Etagen und Zimmern als einem Mobile, bei dem die einzelnen Begriffe sich bewegen, in Beziehung zueinander stehen und immer neue Verbindungen eingehen. Dieses Kapitel ist daher wie ein kleines Arendt-Glossar aufgebaut, in dem ihre wichtigsten Begriffe vorgestellt werden. Die Begriffe sind dabei kein Selbstzweck, sondern stellen eine Einladung dar, sie mit historischen oder gegenwärtigen politischen Erfahrungen in einen Zusammenhang zu bringen. Arendt nennt diese Vorgehensweise »Übungen im politischen Denken« (das ist auch der Untertitel ihres sehr zu empfehlenden Buches *Zwischen Vergangenheit und Zukunft*). Das Ziel dieser Übungen ist es, den politischen Begriffen neues Leben einzuhauchen:

> Gemeint ist jener Geist, der sich gerade aus den Schlüsselwörtern der politischen Sprache, als da sind Freiheit und Gerechtigkeit, Autorität und Vernunft, Verantwortung und Tugend, Macht und Ruhm, so schmählich verflüchtigt und leere Hülsen hinterlassen hat, mit denen fast alle Rechnungen ohne Rücksicht auf die dahinter liegende phänomenale Wirklichkeit beglichen werden müssen. (Vorwort von *Zwischen Vergangenheit und Zukunft*)

Den Anspruch, den Arendt für diese Art des Denkens formuliert, finde ich unfassbar aktuell und immer noch gültig: Es sind Versuche, sich in der Wirklichkeit zurechtzufinden, und zwar »nicht, um definitive Lösungen zu finden, sondern in der Hoffnung, die umstrittenen Punkte zu klären und ein wenig

Sicherheit im Umgang mit besonderen Fragen zu erwerben«. Das bedeutet natürlich auch, dass unsere heutigen Versuche konkret ganz anders aussehen werden als die Hannah Arendts. Es kommt darauf an, gegenwärtige Erfahrungen zu reflektieren und die politischen Begriffe mit neuem Leben zu füllen. Und manchmal ist dies eine irritierende Angelegenheit. Zum Beispiel beim Begriff der Freiheit, der in Anlehnung an Hannah Arendt während der Coronapandemie plötzlich auf Demonstrationen der sogenannten Querdenkerbewegung inflationär und sinnentstellt skandiert wurde. Diese vollkommen verdrehte Aneignung hat mich ganz schön auf die Palme gebracht. Arendt als Stichwortgeberin für Verschwörungstheorien? In solchen Momenten ist es gut zu wissen, wo man genau nachlesen kann, was Arendt wirklich gesagt und gedacht hat.

Politische Theorie, keine Philosophie

»Ich gehöre nicht in den Kreis der Philosophen.« In dem bereits erwähnten Fernsehinterview mit Günter Gaus protestiert Arendt deutlich. Sie will partout nicht Philosophin genannt werden. Als Gaus darauf besteht, erwidert sie nur, dagegen könne sie nichts machen. Dann beginnt sie zu erklären, worin für sie der Unterschied zwischen Philosophie und politischer Theorie besteht. Und schon sind wir mittendrin im Herzen ihres Denkens. Arendt glaubte, dass die europäische Philosophie seit der Antike im Kern politikfeindlich sei und ein gehöriges Maß dazu beigetragen habe, dass in der Moderne kaum noch jemand weiß, was Politik, was politisches Handeln eigentlich sei. Was meint Arendt damit? Gut verdeutlichen lässt sich der Gedanke an Platons Höhlengleichnis, einer allegorischen Erzählung, mit der er in seinem Werk *Der Staat* erklärt, warum die Philosophie die beste Grundlage für das gesellschaftliche Zusammenleben sei: Das Gleichnis beschreibt eine Gruppe von Menschen, die in einer Höhle gefangen gehalten werden. Die Gruppe steht für die Gesellschaft. Die Menschen sind so angekettet, dass sie nur nach vorne schauen können und nur die Schatten an der Wand sehen, die durch das Licht einer Feuerstelle hinter ihnen erzeugt werden. Diese Schatten sind für die Gefangenen die einzige Realität, die sie kennen, und sie glauben, dass sie die Welt repräsentieren. Eines Tages wird ein Gefangener befreit und gezwungen, aus der Höhle herauszukommen. Anfangs ist er geblendet und kann die wirkliche Welt draußen nicht erkennen. Aber nach und nach gewöhnt er sich an das Licht und bemerkt, dass die Schatten in der Höhle nur eine verzerrte Wahrnehmung der Wirklichkeit darstellen. Er sieht die Wahrheit. Der befreite Gefangene kehrt schließlich in die Höhle zurück, um den anderen Gefangenen von der wahren Welt zu erzählen. Aber diese glauben ihm nicht und halten ihn für verrückt. Sie können sich die wirkliche Welt nicht vorstellen und sind weiterhin von den Schatten an der Wand gefangen. Platon zeigt mit diesem Gleichnis, dass unser Verständnis der Realität oft begrenzt ist und dass wir uns bemühen müssen, die Wahrheit zu erkennen. Er argumentiert, dass diejenigen, die diese Wahrheit erkannt haben, eine Verantwortung haben, sie anderen mitzuteilen und sie aus der Dunkelheit der Ignoranz herauszuführen. Das Höhlengleichnis ist ein Aufruf zu Vernunft und Bildung, und es fordert dazu auf, die Wahrheit zur Grundlage gesellschaftlicher Ordnung und staatlicher Entscheidungen zu machen (Platon ging sogar so weit, zu fordern, die Philosophen zu Königen zu machen).

Arendt sieht das ganz anders. Für sie ist das Höhlengleichnis der Auftakt eines Denkens, das die Politik, deren Welt die Höhle selbst ist, verachtet: »Unsere Tradition politischer Philosophie begann, als Plato entdeckte, daß eine Abwendung von der gemeinsamen Welt menschlicher Angelegenheiten im Wesen philosophischer Erfahrung zu liegen scheint.« (*Zwischen Vergangenheit und Zukunft*) Der Philosoph muss die Höhle verlassen, um die Wahrheit zu erkennen. Doch damit lässt er auch die Politik hinter sich. Arendt will die Höhle nicht verlassen, sondern sich das Zusammenspiel der unterschiedlichen Perspektiven in der Höhle anschauen. Kurzum: Politische Theorie nach Arendt heißt: nachdenken in der Höhle.

Das ist für Arendt vor allem deshalb wichtig, weil es sich bei der Politikvergessenheit für sie nicht um ein rein akademisches Problem handelt, sondern um ein politisches und gesellschaftliches. Nicht nur die Philosophie hat vergessen, was Politik ist, die moderne Gesellschaft hat es auch. Für Arendt besteht das Problem dieser Denktradition darin, dass sie keine Begriffe für das Zusammen-Handeln, die gemeinsame Welt und die Perspektivenvielfalt, kurz: die Zutaten des Politischen, hat.

Philosophische Einflüsse

Auch wenn Arendt so scharf gegen die philosophische Tradition schießt und nicht Philosophin genannt werden will, spielt die abendländische Philosophie doch eine ziemlich große Rolle in ihrem Denken. Zu einigen Philosophen wie Kant und Aristoteles hat sie eine große Nähe, mit anderen wie Marx oder Heidegger setzt sie sich kritisch auseinander.

Es fällt auf, dass Arendt sich ausschließlich auf den klassischen Kanon der westlichen Philosophie bezieht und nur sehr wenige Frauen eine Rolle spielen. Gleichzeitig fordert sie eine Überwindung dieses Kanons im politischen Denken, wenngleich auch aus ganz anderen Gründen als die identitätspolitischen oder postkolonialen Positionen heute.

Aristoteles (384–322 v. Chr.): Der Begriff des Handelns

Von dem griechischen Philosophen Aristoteles übernimmt Arendt einige grundlegende begriffliche Unterscheidungen und die grundsätzliche Haltung, Theorie- und Begriffsbildung immer mit echten Erfahrungen zu verknüpfen. Seiner Bestimmung des Menschen als »Zoon politikon«, als politischem Wesen, folgt sie jedoch nicht.

Augustinus (354–430): »Damit ein Anfang sei, wurde der Mensch geschaffen«

Arendts Dissertation handelt von Augustinus' Liebesbegriff. Darüber hinaus tauchen einige Motive von Augustinus an zentralen Stellen in Arendts Theorie auf. So endet das Buch über die totale Herrschaft mit Augustinus' Versprechen des Anfangs, das mit jeder Geburt eines Menschen gegeben wird.

Immanuel Kant (1724–1804): »Kein Mensch hat das Recht zu gehorchen«

Arendt hat Kant sehr früh gelesen und war seiner Philosophie immer eng verbunden. Besonders reizt sie seine *Kritik der Urteilskraft*. Arendt nimmt Kant als einzigen Philosophen des westlichen Kanons von ihrem Urteil aus, politikfeindlich zu sein. Leider konnte sie ihr Buch über das Urteilen, in dem sie eine politische Theorie der Urteilskraft entfalten wollte, nicht fertigstellen. Als sie starb, fand man in ihrer Schreibmaschine das Titelblatt und das Eingangszitat zu dem Buch. Zum Glück sind einige Seminarnotizen und eine Vorlesung erhalten, so dass wir uns zumindest eine grobe Vorstellung von der Richtung machen können, die das Buch genommen hätte.

Alexis de Tocqueville (1805–1859): »Da die Vergangenheit die Zukunft nicht mehr erhellt, tappt der Geist im Dunkeln.«

Arendt stützt sich auf Tocqueville, um den Unterschied zwischen der amerikanischen Demokratie und dem Nationalstaat europäischer Prägung zu beschreiben. Einig ist Arendt mit Tocqueville auch darin, dass es Intellektuellen oft schwerfällt, sich auf die Politik einzulassen und die Erfahrungen des Handelns wahrzunehmen, wie Tocqueville dies in seinen Beschreibungen der Vereinigungen in der US-amerikanischen Gesellschaft tut.

Karl Marx (1818–1883): Das Ende der Tradition

Für Arendt steht Marx mit dem Versuch, die Philosophie in der Politik zu verwirklichen, am Ende der abendländischen Denktradition. Eigentlich will Arendt nach *Elemente und Ursprünge totaler Herrschaft* ein Buch über »Totalitäre Elemente im Marxismus« schreiben und sich intensiv mit Marx auseinandersetzen. Heraus kommt jedoch ein ganz anderes Buch: *Vita activa*.

Rosa Luxemburg (1871–1919): Die Heldin der Revolution

Arendt lernt Rosa Luxemburg schon früh über ihre Mutter kennen. Sie ist für Arendt eines der seltenen Beispiele eines Menschen, in dem ein spontanes und natürliches Selbstbewusstsein mit der Fähigkeit, wirklichkeitsgesättigt zu urteilen, zusammenfällt. In Rosa Luxemburgs Scheitern erkennt Arendt zugleich das »traurige Versagen der Revolution in unserem Jahrhundert«.

Martin Heidegger (1889–1976): Der Geliebte

Die Bedeutung Heideggers für Arendts politische Theorie ist durch ihre Liebesaffäre überschattet. In der Literatur über Arendt gibt es an dieser Stelle mehr Vorurteile als einen klaren Blick: Vielfach wird Arendt eine Abhängigkeit von Heidegger unterstellt, die sie blind gemacht habe für den durch und durch antisemitischen oder sogar nationalsozialistischen Charakter seiner Philosophie. Arendts Begriffe der Pluralität, der Öffentlichkeit und der Natalität stellen Heideggers Denken vom Kopf auf die Füße. Arendt rückt Heidegger damit in den Kreis der traditionellen Philosophie, die sie mit ihrer politischen Theorie überwinden will.

Walter Benjamin (1892–1940): Der Perlentaucher

Walter Benjamin war Arendts Freund, mit dem sie eine Denkhaltung teilte und der für sie ein wichtiger Wegbegleiter war, wie ihr langer Aufsatz über ihn eindrücklich zeigt. Seine Methode des »Perlentauchens« ist eine zentrale Figur ihres eigenen Denkens. Benjamin überantwortet

Arendt 1940, bei ihrem letzten Treffen vor seiner gescheiterten Flucht und seinem Suizid, das Manuskript seiner *Geschichtsphilosophischen Thesen.* Arendt übergibt das gerettete Manuskript nach ihrer Flucht schließlich an das Institut für Sozialforschung im New Yorker Exil und plant selbst die Veröffentlichung in einem Essayband, der allerdings erst 1968 unter dem Titel *Illuminations* erscheint.

Arbeiten, Herstellen, Handeln

Während die Philosophie mitunter gut damit leben kann, das Politische zu ignorieren, kann es die Gesellschaft weniger. Sie braucht eine Vorstellung von Politik, um sich selbst zu verstehen. Das ist das Thema von Arendts Buch, das häufig als ihr philosophisches Hauptwerk bezeichnet wird: *Vita activa oder Vom tätigen Leben.* Drei grundlegende Begriffe und ihre Unterscheidung bilden das gedankliche Zentrum von *Vita activa*: Arbeiten, Herstellen und Handeln. Arendt geht hier der Frage nach, »was wir eigentlich tun, wenn wir tätig sind«. Bei der Unterscheidung der verschiedenen Tätigkeitsformen geht es Arendt darum, die unterschiedlichen Modi oder Weisen, in der Welt aktiv zu sein, zu erkunden und zu beschreiben. Später unternimmt sie dasselbe für die geistigen Tätigkeiten und unterscheidet insbesondere zwischen Denken, Wollen und Urteilen.

Es ist recht unbekannt, dass Arendts Ausgangsfrage von Karl Marx inspiriert ist. *Elemente und Ursprünge totaler Herrschaft* hat, wie sie in einem Forschungsantrag an die Guggenheim Foundation zugibt, einen blinden Fleck und einen schwerwiegenden Mangel: Es fehlt eine angemessene Analyse der totalitären Elemente im Marxismus. Bis heute nehmen es einige Linke Hannah Arendt übrigens übel, dass sie in *Elemente und Ursprünge* den Stalinismus mit der NS-Herrschaft vergleicht und ebenfalls als Form totaler Herrschaft identifiziert. Während sie für die Ursprünge des Nationalsozialismus jedoch ausführliche Studien zum Antisemitismus und Kolonialismus durchführt, arbeitet sie den Marxismus weniger gründlich durch. In der intensiven Auseinandersetzung mit Marx erkennt Arendt dann jedoch, dass ein Hauptmerkmal der totalen Herrschaft – die Diagnose eines völligen Traditionsbruchs – auf die Marx'sche Theorie und den Marxismus gar nicht zutrifft. Vielmehr steht Marx ganz in der Linie der philosophischen Tradition und arbeitet diese um. Das führt Arendt davon ab, die totalitären Elemente im Marxismus zu ergründen. Stattdessen fragt sie sich, was denn eigentlich mit der Philosophie in Bezug auf die Politik insgesamt nicht stimmt und wie ein Denken, das nicht politikfeindlich ist, möglich ist.

Diese Fragestellung erfordert eine ganz andere Art der Untersuchung, für die Arendt an den Anfang der Tradition zurückgeht und erforscht, wie es dazu kommen konnte, dass die Freiheit des Handelns im gesamten westlichen Denken eine so schwache Stellung erhalten hat. Arendt beginnt bei Aristoteles, der zwischen Handeln (*praxis*) und Herstellen (*poiesis*) unterscheidet. Arendt kritisiert Aristoteles dafür, den Menschen als »Zoon politikon« zu definieren, als politisches Wesen. Arendt findet es falsch, von einem Wesenskern des Menschen auszugehen: Der Mensch ist vielmehr das, was er aus sich macht. Und zwar im Rahmen seiner Möglichkeiten und Grenzen, die Arendt die »menschliche Bedingtheit« nennt. Menschen sind Lebewesen, die auf der Erde leben. Sie sind unterschiedlich in der Weise, dass jeder Mensch einzigartig ist (siehe den Abschnitt zu Pluralität). Über diese Rahmenbedingungen hinaus lässt Arendt keine ontologische Wesensbestimmung zu, das heißt, sie lehnt es ab, »den Menschen« philosophisch zu definieren. Abgesehen davon erscheinen Aristoteles' Begriffe jedoch hilfreich, um einen Begriff des politischen Handelns zu rekonstruieren. Arendt ergänzt seine Unterscheidung von Handeln und Herstellen um eine dritte essentielle Tätigkeit: das Arbeiten.

Zum **Arbeiten** gehören nach Arendts Unterscheidung alle Tätigkeiten, die unmittelbar der Aufrechterhaltung des Lebens dienen. Dabei können wir uns das Arbeiten als einen ewigen Kreislauf von Produktion und Konsumtion oder, mit Karl Marx gesprochen, als »Stoffwechsel mit der Natur« vorstellen. Das Arbeiten erzeugt keine Welt, es bleibt an die Notwendigkeiten des Lebens und Überlebens gekoppelt.

Das **Herstellen** ist dadurch gekennzeichnet, dass es auf ein Endprodukt abzielt. Herstellen ist immer Mittel zum Zweck, und es dient auch ganz klar diesem Zweck. Im Gegensatz zum Arbeiten bringt das Herstellen dauerhafte Dinge – sowohl Gebrauchsobjekte als auch Kunstwerke, Gebäude und Städte – hervor.

Das **Handeln** erschließt sich vor allem in der Abgrenzung zum Herstellen. Herstellen und Handeln unterscheiden sich vor allem darin, dass bereits eine Person alleine etwas herstellen kann, während es für das Handeln immer mehrere Personen braucht. Handeln vollzieht sich ausschließlich im Zusammenspiel der Vielen. Beim Handeln ist das Besondere, dass es dabei immer eine Abhängigkeit von und Vernetzung mit anderen gibt, ein Moment des Unkontrollierbaren:

> Nur der Herstellende ist Herr und Meister; er ist souverän und darf sich aller Dinge als Material und Mittel für seinen Zweck bemächtigen. Der Handelnde bleibt immer in Bezug zu anderen Handelnden und von ihnen abhängig; souverän gerade ist er nie. (*Zwischen Vergangenheit und Zukunft*)

Handeln spielt sich zwischen Personen ab und enthüllt dabei, »wer einer ist«. Der Sprache kommt dabei eine wichtige Funktion zu, um den Erscheinungsraum des Handelns entstehen zu lassen. Während das Herstellen immer ein klar zu identifizierendes Produkt aufweist, geht die Kette des Handelns potentiell so lange weiter, solange es Menschen gibt. Was einmal angestoßen und von anderen aufgegriffen wird, verlässt dabei schnell den Einflussbereich der Person, die begonnen hat. Handeln versteht Arendt als ein Anfangen, dessen Fortsetzung und Ende nicht in der Hand eines Einzelnen liegen. Und wenn es ein Produkt des Handelns gibt, sind es die Geschichten, die von ihm erzählt werden. Das erklärt auch, warum Arendt selbst gerne Geschichten erzählt, wenn sie über politisches Handeln spricht. Und es erklärt auch, warum die professionellen Geschichtenerzähler:innen, die Schriftsteller:innen, so einen wichtigen Stellenwert in ihrer politischen Theorie einnehmen. Geschichten erschließen Bedeutung, ohne etwas zu eng zu definieren.

Das klingt alles sehr schön, doch Arendt betrachtet das Handeln nicht nur als etwas Gutes und immer Richtiges. Aus dem Handeln erwachsen auch Probleme. Arendt wird manchmal darauf reduziert, das Handeln als die höchste und beste Form der menschlichen Tätigkeiten zu verstehen und zu feiern, doch das ist nicht ganz richtig. Auch wenn die Betonung von Einzigartigkeit, Differenz und Pluralität, des Netzwerkcharakters und der Abgrenzung zum Herstellen, zu Befehl und Gehorsam, zunächst emphatisch positiv klingt, gibt es auch eine schwierige Seite des Handelns: Es ist unberechenbar und maßlos, es kann in die Gewalt führen. Sogar das Lügen wird von Arendt, solange es in Maßen und nicht systematisch in der Politik betrieben wird, als normaler Teil des Handelns betrachtet. Handeln ist also nicht per se gut.

Wenn also gesagt wird, dass das Handeln für Hannah Arendt die höchste und wertvollste aller menschlichen Tätigkeiten sei, ist das in meinen Augen nicht ganz richtig. Es scheint ihr vor allem darauf anzukommen, die Tätigkeiten voneinander zu unterscheiden und daran zu erinnern, dass es mit dem Handeln einen Modus des Tätigseins gibt, der in der Moderne weitgehend in Vergessenheit geraten ist. Arendt hat diesen Ansatz nach Walter Benjamin als »Perlentauchen« bezeichnet. Es geht darum, Bedeutungsschichten aus der Vergangenheit wie aus der Tiefe des Meeres hervorzuholen und im Lichte der Gegenwart neu zu interpretieren. Was dabei hervorkommt, sind jedoch nur »Denkbruchstücke und Fragmente«, keine reine oder uralte Wahrheit, auf die man sich nur besinnen muss.

Was Arendt uns Modernen zuruft, ist vielmehr: Bitte unterscheidet Handeln vom Herstellen, denn das hat unmittelbare Auswirkungen auf die Politik. Politische Ordnungen sollten sich an den Besonderheiten des Handelns orientieren. Unsere Tradition des politischen Denkens seit der Antike hat versucht, das Problem des Handelns damit zu lösen, es durch Herstellen zu ersetzen und damit beherrschbar zu machen. Das ist zwar nachvollziehbar (weil das Handeln problematisch, frei, wild und unkontrollierbar ist), aber dennoch ein falscher Weg. Schaut euch die Geschichte an und entdeckt, dass Momente des Handelns und der Freiheit an vielen Stellen aufblitzen, wie Perlen einer »Ordnung der Freiheit«.

Doch warum diese Unterscheidungen? Für sich allein sagen sie wenig aus, sondern erhalten ihren Sinn erst, wenn wir einen Blick darauf werfen, was Arendt mit diesem begrifflichen Werkzeugkasten anfängt – und dies sind meist kritische Interventionen und Gesellschaftsdiagnosen. Ich kann hier nur ein paar wenige interessante Beispiele aus Arendts Werk aufgreifen und beginne mit einer Debatte, die in unseren Tagen mit der Diskussion um die Rente, den Fachkräftemangel, ein bedingungsloses Grundeinkommen oder eine Vier-Tage-Woche noch etwas unentschlossen, aber durchaus relevant durch den öffentlichen Diskurs schwappt: das Thema Arbeit und Arbeitsgesellschaft. Arendt stellt fest: In der modernen Arbeitsgesellschaft (der die Arbeit tendenziell ausgehe) definieren sich ihre Mitglieder über nichts anderes als die Arbeit. Was Arendt schreibt, klingt immer noch oder wieder aktuell:

> Es ist ja eine Arbeitsgesellschaft, die von den Fesseln der Arbeit befreit werden soll, und diese Gesellschaft kennt kaum noch vom Hörensagen die höheren und sinnvollen Tätigkeiten, um derentwillen die Befreiung sich lohnen würde. (*Vita activa*)

Word! Hannah Arendts Vorschlag, sich von der einseitigen Fixierung auf die Arbeit zu lösen und zu ermöglichen, dass sich Menschen anderen Tätigkeiten widmen, ist auf eine beinahe verrückte Weise zeitgemäß. Wäre es nicht eine Möglichkeit, nachhaltiger und ressourcenschonender zu leben und anzuerkennen, dass es neben bezahlter Lohnarbeit noch andere wichtige Dinge gibt? Arendts Idee ist wohltuend: Es geht nicht darum, die Arbeitszeit zu reduzieren, um etwa mehr Zeit für die immer noch unbezahlte Care-Arbeit wie Kinderbetreuung, Haushalt oder die Pflege der Eltern zu gewinnen, sondern ein ganz anderes Modell von gesellschaftlicher Anerkennung und Sinnstiftung ins Auge zu fassen. Man muss es sich nur einmal kurz vorstellen, wie es wäre, wenn uns nicht mehr die Arbeit definieren würde: Politisches und zivilgesellschaftliches Engagement würde in einer Gesellschaft, die sich von der Dominanz der Arbeit befreit hat, ganz neue Rollen und Identitäten ermöglichen. Hier und da gibt es bereits verstreute gesellschaftliche Experimente, die in diese Richtung gehen, wie das bedingungslose Grundeinkommen oder eine Reduktion der Wochenarbeitszeit, wie sie in vielen fortschrittlichen Ländern bereits erprobt wird. Arendt erinnert uns daran, dass wir gute Argumente haben, die Arbeit allein nicht als höchstes Gut zu betrachten. Für Arendt ist die Möglichkeit, sich politisch zu betätigen und mit anderen zusammen Dinge in die Hand zu nehmen, auch ein Gegenmittel gegen totalitäre Versuchungen. Menschen entwickeln im Zusammen-Handeln Urteilskraft und lassen sich nicht so leicht von ideologischen Märchen und Versprechungen aufs Glatteis führen. Es ist damit auch ein Gegenmodell zur Erwerbsgesellschaft, in der – und das ist heute nicht anders als in den 1930er Jahren, als die Nazis in Deutschland die Macht erlangten –

> das Menschenleben am Modell des Erfolgs und des Scheiterns in rücksichtsloser Konkurrenz, im Wirtschaftskampf, erfahren wird und sich so ausschließlich auf die Notwendigkeiten des privat-persönlichen Erfolgs konzentriert hat, daß die Pflichten und Verantwortlichkeiten des Bürgers zu einer untragbaren zusätzlichen Last werden. (*Elemente und Ursprünge totaler Herrschaft*)

Ein anderes Beispiel für die moderne Abwertung des Handelns gegenüber dem Arbeiten und Herstellen findet Arendt bei Karl Marx, der in den berühmten *Thesen über Feuerbach* formuliert: »Die Philosophen haben die Welt nur verschieden interpretiert; es kömmt drauf an, sie zu verändern.« Arendt besteht darauf, dass diese »Umstülpung« der abendländischen Denktradition durch Marx – also die Philosophie in eine weltverändernde Praxis zu verwandeln – im Grunde gar nicht aus dem traditionellen Schema ausbricht. Genau wie die traditionellen Denker, gegen die er aufbegehrt, begreife auch Marx noch das Handeln, in das er die Philosophie übersetzen will, als ein Herstellen und unterliege der Illusion, dass sich die Gesellschaft, oder vielmehr: die Transformation der Gesellschaft, nach Gesetzmäßigkeiten vollziehe – und dass sich diese Transformation gestalten lasse, sobald nur die zugrundeliegenden sozialen Gesetze bekannt seien. Arendt zufolge begeht Marx damit aber genau jenen Kardinalfehler im Verstehen des Politischen, an dem bereits die gesamte Philosophie vor ihm gekrankt habe. Schon der Ausdruck »die Welt verändern« zeuge von der problematischen, da zu politischer Gewalt verleitenden Vorstellung, das Handeln planen, kontrollieren und beherrschen zu können.

Auch an vielen anderen Stellen in ihrem Werk nutzt Arendt die Unterscheidung zwischen Arbeiten, Herstellen und Handeln als Grundlage für gesellschaftskritische Positionierungen. 1975 hält sie anlässlich der Vorbereitungen zu den Zweihundertjahrfeiern der Amerikanischen Revolution eine Rede, die unter dem Titel »Home to Roost« (dt. »Zweihundert Jahre Amerikanische Revolution«) im Radio ausgestrahlt wird. Für Arendt gibt es wenig Anlass zum Feiern: Sie beklagt den Zustand der von ihr mit Blick auf die Revolution so sehr verehrten Republik bitterlich. Nach dem Vietnamkrieg und dem Watergate-Skandal sei das Land auf seinem absoluten Tiefpunkt angekommen und der großen Revolution, aus der es hervorgegangen ist, kaum noch würdig. Das politische Leben sei auf reines Image-Making reduziert, und auch grundsätzlich sei die Welt aus dem Ruder gelaufen:

> Dieser vom unaufhörlichen Lärm der Werbeagenturen begleitete »Fortschritt« vollzog sich auf Kosten der Welt, in der wir leben, und auf Kosten der Dinge selbst, in die nun der Verschleiß eingebaut war und die wir nicht mehr gebrauchen, sondern zweckentfremden, mißbrauchen und wegwerfen. Daß man sich neuerdings plötzlich für die der Umwelt drohenden Gefahren interessiert, ist der erste Hoffnungsstrahl in dieser Entwicklung, obwohl, soweit ich sehen kann, bislang niemand ein Mittel gegen diese aus den Fugen geratene Wirtschaft gefunden hat, das nicht einen wirklich größeren Zusammenbruch verursachen würde.

Wir vergessen heute leicht, dass das öffentliche Bewusstsein für Nachhaltigkeit und Umweltthemen in den frühen 70er Jahren, spätestens nach dem Erscheinen des Berichts des Club of Rome zu den *Grenzen des Wachstums* im Jahr 1972, schon einmal einen Höhepunkt erreicht hatte. Auch Arendt, die sich sonst kaum für im engeren Sinne ökologische Fragen interessiert, nimmt deutlich wahr, dass die ausbeuterische, kapitalistische Wirtschaftsweise sich zerstörerisch auf die Lebensgrundlagen und die menschliche Welt auswirkt. Arendt bettet diese Erkenntnis in ihre Topologie der menschlichen Tätigkeiten ein: Die Logik des Arbeitens, sprich die Logik des Warenkreislaufs und des Konsumierens, bricht in die Welt des Herstellens ein. Objekte sind nur noch schnell vergängliche Konsumwaren, und als solche können sie nicht die Orientierung und Stabilität stiften, die Dinge haben können. Dabei konnte Arendt sicher nichts vom Ausmaß heutiger sogenannter »geplanter Obsoleszenz« wissen, mit der die Hersteller die Lebensdauer von Produkten künstlich verkürzen, um den Konsum und Absatz noch weiter zu steigern.

So ähnlich wie das Herstellen durch das Arbeiten ersetzt werde, dringt nach Arendt die Logik des Herstellens in die Welt der Politik ein. Dabei geht die Tendenz, das unbeherrschbare Handeln durch Herstellen zu ersetzen, viel weiter zurück, nämlich bis in die Antike und die Anfänge der politischen Philosophie:

> Die Hoffnung, Handeln durch Herstellen ersetzen zu können, und die ihr innewohnende Degradierung der Politik zu einem Mittel für die Erreichung eines höheren, jenseits des Politischen gelegenen Zweckes – im Altertum des Schutzes der Guten vor der Herrschaft der Schlechten im allgemeinen und des Schutzes des Philosophen vor der Herrschaft des Mobs im speziellen, im Mittelalter des Seelenheils, in der Neuzeit der Produktivität und des Fortschritts der Gesellschaft – sind so alt wie die Tradition politischen Denkens. (*Vita activa*)

In der Moderne droht mit der Bürokratisierung der Politik die »Herrschaft des Niemand« und der Sieg des Zweck-Mittel-Denkens. Arendts Kritik an der Moderne ähnelt hier stark der Kritischen Theorie und ihrer Warnung vor der »verwalteten Welt«. Ihre Stoßrichtung ist dabei jedoch eine etwas andere. Arendt geht es nicht allein um die Kritik der gesellschaftlichen

Verhältnisse, sondern auch und vor allem darum, eine Alternative für das politische Denken zu formulieren: Sie will an einen anderen, nichtsouveränen Begriff von Politik erinnern, der das Unbeherrschbare und die Freiheit des gemeinsamen Handelns in den Mittelpunkt stellt.

Macht und Gewalt

Um Arendts Politikbegriff weiter zu erkunden, lohnt es, eine weitere Unterscheidung in den Blick zu nehmen: die zwischen Macht und Gewalt. Macht ist für Arendt kooperativ und entsteht direkt aus dem Handeln. Sie ist eine positive Kraft, die von den Menschen gemeinsam ausgeübt wird und gleichsam auf der Straße liegt. Während die Ausübung von Gewalt der Durchsetzung von Zielen diene und damit einen instrumentellen Charakter trage, entsteht Macht spontan dort, wo Menschen durch gemeinsame Ziele zusammengebracht werden. Macht hat also durchaus einen Zweck, doch sie ist kein Mittel, das – im Gegensatz zu Gewalt – von einem einzelnen Akteur kontrolliert eingesetzt werden kann. Die Quelle der Macht liegt in der Überzeugung der Menschen oder ihren gemeinsamen Interessen, nicht im Gehorsam. Arendts politische Theorie unterscheidet sich mit dieser Unterscheidung grundlegend vom Mainstream der politischen Theorie, die die Gewalt quasi zur DNA des Politischen macht. Für den Soziologen Max Weber etwa gründet sich jede staatliche Ordnung auf Gewalt, und zwar dadurch, dass der Staat der einzige Akteur ist, der berechtigterweise Gewalt anwenden darf. Eine ähnliche Auffassung von Politik äußert z. B. auch Mao, bei dem die Macht bekanntermaßen aus den Gewehrläufen stammt. Arendts politische Theorie hingegen basiert auf dem Gedanken, dass die Macht allein vom Volk ausgeht, und zwar durch freiwillige Unterstützung, und dass kein Gemeinwesen, auch nicht mit dem Einsatz äußerster Gewalt, ohne die Unterstützung der Bevölkerung bestehen kann. Dies bedeutet im Umkehrschluss auch, dass keine politische Ordnung, auch nicht die schlimmste Diktatur, sich mit Gewalt auf Dauer aufrechterhalten kann. Natürlich weiß auch Arendt, dass der Einsatz von Gewalt Diktaturen viel zu oft eine viel zu lange Lebensdauer beschert. Doch Arendts Theorie taugt weniger dazu, Vorhersagen über die Zukunft zu machen, sondern hilft uns, den Blick auf das zu richten, was einen Umsturz letztlich nachhaltig bewirken kann – die Macht der Vielen.

Interessant für uns heute ist auch der Entstehungskontext des Textes *Macht und Gewalt*, in dem Arendt diese begriffliche Unterscheidung entwickelt und mit dem sie sich direkt an die Student:innenbewegung der späten 1960er Jahre richtet. Sie befürchtet, dass die Gewaltfrage, auch durch die verstärkte staatliche Repression, zu stark in den Vordergrund drängen würde, und will die Student:innen an die Macht des Zusammen-Handelns erinnern, das so viel mehr bewirken könne als eine falsche Radikalisierung mit den Mitteln der Gewalt. Gewalt, so Arendt, sei gar nicht so radikal, sondern ein recht traditionelles und kurzsichtiges Mittel der Politik, das zudem das Ziel der Bewegung unterminiere.

Pluralität

Pluralität ist für Arendt nicht nur ein Begriff, der beschreibt, wie Menschen in der Welt sind, sondern leitet auch ihr eigenes Denken methodisch an. Arendt blickt auf die Politik durch die Brille der Pluralität, gewissermaßen ohne aus Platons Höhle herauszutreten. Die Denkrichtung geht damit von den Erfahrungen zu den Begriffen und nicht umgekehrt. Mir fällt diese Umkehrung der Denkrichtung eigentlich erst so richtig auf, seit ich selbst nicht mehr an der Universität unterrichte, sondern mich zwischen den Welten der Wissenschaft, der Kultur, der Verwaltung und der Politik bewege. Wenn die Erfahrung zuerst kommt, sind der Blick und die Haltung zur Welt andere. Die Welt hat Priorität, nicht das korrekt abgeleitete Argument. Das bedeutet umgekehrt nicht, beim politischen Denken die Präzision und die Komplexität der begrifflichen, ideengeschichtlichen oder logischen Durchdringung zu ignorieren. Die Übung besteht darin, zwischen beiden Welten hin- und herzugehen. Dabei kommt es darauf an, von der konkreten Erfahrung auszugehen und nie aus dem Blick zu verlieren, dass es bei alldem immer um die Welt geht. Auch wenn wir in Seminar- und Konferenzräumen sitzen oder im Büro. Eine gute Brücke zur Pluralität bietet Arendts Machtverständnis: Menschen erzeugen im gemeinsamen Handeln nach Arendt Macht nicht, weil sie eine uniforme und homogene Masse bilden, sondern weil sich ganz unterschiedliche Personen zusammenfinden, um gemeinsame Ziele zu verfolgen. Macht entsteht aus der Vielheit. Arendt beschreibt die menschliche Pluralität als Tatsache oder als Prinzip. Es ist für sie keine normative Forderung, die erst durchgesetzt werden müsse. Die »unendliche Vielzahl« und die radikale Individualität einer jeden Person sind für Arendt so etwas wie ein rohes Faktum und die Voraussetzung des Handelns.

> Das Handeln bedarf einer Pluralität, in der zwar alle dasselbe sind, nämlich Menschen, aber dies auf eine merkwürdige Art und Weise, dass keiner dieser Menschen je einem ande-

ren gleicht, der einmal gelebt hat oder lebt oder leben wird. (*Vita activa*)

Zur Individualität gehört dabei sowohl die persönliche als auch die kulturelle oder religiöse Einzigartigkeit jeder Person, die sie mit in die Welt bringt. Und eine gemeinsame Welt kann, so Arendt, nur zwischen Personen entstehen, die um ihre Unterschiedlichkeit wissen – als geteilte Welt, in die viele Welten passen. Arendt hat nie behauptet, dass Menschen im Modus des Handelns bessere Entscheidungen treffen, doch liegt dieser Gedanke nahe. Ihr politisches Denken kann vor diesem Hintergrund gut mit dem Ansatz des amerikanischen Philosophen John Dewey kombiniert werden, der davon ausgeht, dass demokratische, multiperspektivische Entscheidungsprozesse praktisch die besseren Ergebnisse hervorbringen würden. Demokratische Prozesse stärken das Verständnis für komplexe gesellschaftliche Zusammenhänge und die Identifikation mit gemeinsamen Zielen. Indem sie den politischen Prozess für eine breitere Gruppe von Menschen zugänglich machen, fördern demokratische Prozesse die Teilhabe und den gesellschaftlichen Zusammenhalt. Wenn zur gesellschaftlichen Problemlösung viele unterschiedliche Perspektiven gehört und einbezogen werden, können auch komplexe Aufgaben bearbeitet werden, ohne dass Teile der Gesellschaft – notorisch übersehen werden z. B. Minderheitenperspektiven, Kinder oder die Umwelt – einseitig die Folgen tragen müssen.

Eine weitere Anregung, mit Arendt (und ein bisschen auch gegen Arendt) weiterzudenken, ist, den Gedanken der Pluralität um ganz andere Arten des Wissens, Seins und Handelns und die Perspektiven nichtmenschlicher Lebewesen auf diesem Planeten zu erweitern, wie sie z. B. der französische Anthropologe Philippe Descola beschreibt. Die Pluralität fungiert als Motor des Handelns in Anerkennung der gegenseitigen Abhängigkeit und bietet potentiell unendlich viele Möglichkeiten, wie das menschliche Zusammenleben auf diesem Planeten gestaltet werden kann. Dies bedeutet auch, nichtwestliche Weltbilder und Lebensformen anzuerkennen, ihre Möglichkeiten zu erkunden und in ein Modell des pluralistischen Handelns einzubeziehen, um neue, nichtzerstörerische Formen des Zusammenlebens auf diesem Planeten zu kreieren. Es ist absurd, dass die Moderne die Entfaltungsmöglichkeiten der menschlichen Lebensformen so sehr einschränkt und verdrängt. Pluralität kann hier ein Gegengift sein, da sie uns fast automatisch anstößt, über den Tellerrand hinauszuschauen und gemeinsam alternative Wege des Handelns zu erkunden. Gelebte Pluralität erfordert, dass wir unsere Denkweise und unser Handeln auf der Grundlage neuer Perspektiven und Erfahrungen verändern, und ist eine Einladung, den Status quo herauszufordern und innovative Lösungen zu finden.

Freiheit

Freiheit ist ein schillernder Begriff, der in vielen verschiedenen Kontexten ganz unterschiedlich verwendet wird und sich sowohl für gefühlsduselige Stimmungslagen als auch für handfeste Propaganda eignet. Arendts besonderer Begriff der Freiheit lässt sich auf der Grundlage der Begriffe Handeln, Pluralität und Macht gut erfassen. Freiheit ist für Arendts politische Theorie eine essentielle Zutat, so wichtig wie das Salz in jedem Kochrezept. Es kann die besten Zutaten enthalten, ohne Salz wird es nie schmecken. Ich hatte zuvor gesagt, dass Arendts Begriff des Handelns kein positiv-normativer ist.

Diese Dimension kommt erst mit dem Begriff der Freiheit hinzu, denn Freiheit ist der normative Glutkern von Arendts Denken. Das merkt man beim Lesen auch daran, dass ihre Sprache abhebt – was manche Theoretiker:innen zu Kritik reizt, weil sie vermuten, dass hier mehr Schwärmerei als Vernunft im Spiel ist. Was kann ich sagen? Mir gefällt diese Qualität an Arendt gut.

Die Kernidee der Freiheit stammt aus der griechischen Polis: Freisein bedeutet »weder Herrschen noch Beherrschtwerden«, wie Arendt mit dem antiken griechischen Geschichtsschreiber Herodot sagt. Das Besondere an der griechischen Freiheitsidee ist, dass dieses Freisein von Herrschaft nicht im Privaten realisiert wird, sondern in der Politik. Der private Lebensbereich, der Haushalt, ist für die Griechen der Bereich, in dem geherrscht wird – ein für uns Moderne irritierender Gedanke! Genau an dieser Irritation setzt Arendt an und erinnert daran, dass für die Griechen Zwang und Hierarchie nicht in den Raum des Politischen gehörten. Bei den Griechen basierte die Freiheit der Polis – an der ausschließlich freie Männer teilhaben durften – auf dem Ausschluss von Frauen und Sklaven. Es ist darum nicht die Organisationsform der Polis, die Arendt interessiert, sondern der Modus des Zusammen-Handelns, der Möglichkeit der Meinungsbildung und des Entscheidens ohne Hierarchien, ohne Befehl und Gehorsam.

Arendt betont, dass diese Art der politischen Freiheit immer räumlich begrenzt ist. Es ist notwendig, eine Umgebung zu schaffen, die die Zusammenarbeit und die Entfaltung der Freiheit zwischen den Menschen ermöglicht. Freiheit ist also nicht nur eine Frage individueller Entscheidungen und Handlungen, sondern hängt auch von sozialen und räumlichen Bedingungen ab. Sie braucht konkrete und institutionelle Räume, Vereinbarungen, Verträge oder, wie Arendt grundlegend sagt: Versprechen. Auch wenn das Handeln spontan entsteht, versteht Arendt es als eine voraussetzungsvolle und komplexe Angelegenheit.

Doch nochmal einen Schritt zurück: Wie passen die beiden Pole des Handelns zusammen, die Spontaneität und Offenheit des Handelns, die Pluralität und das Anstoßen unbegrenzter Handlungsfolgen auf der einen Seite und die Begrenztheit des Handelns, etwa durch die Institutionen und das Recht, auf der anderen Seite? Beides widerspricht sich doch eigentlich? Nun, wenn wir es genauer betrachten, dann ist das nur in der reinen Theorie, gewissermaßen auf dem Papier, so. In der Praxis, wenn wir an Geschichten und Beispiele denken, verschwindet dieser scheinbare Gegensatz augenblicklich. Es leuchtet unmittelbar ein, dass die Verwirklichung der Freiheit, dass eine Revolution einen Ort und lokale Zusammenhänge braucht, um Wirksamkeit zu entfalten. Arendt selbst bringt den Gedanken, dass Freiheit sich nur innerhalb begrenzter Räume entfalten kann, unmittelbar mit dem wilden und unbeherrschbaren Charakter des Handelns in Verbindung. Sie drückt dies in einer meiner Lieblingspassagen so aus:

> Setzen wir diese Freiheitsräume mit dem politischen Raum überhaupt gleich, so stellen sie sich uns leicht unter dem Bild von Inseln in einem Meer der Notwendigkeit oder von Oasen in der Wüste zufälliger Willkür dar. Dies natürlich ist nicht mehr als eine Metapher und als solche unverbindlich, aber ich meine, man könnte, was hier im Bild nur angedeutet werden kann, geschichtlich vielfach erhärten. (*Über die Revolution*)

Die geschichtliche Erhärtung liefert Arendt verstreut an vielen Stellen in ihrem Werk – natürlich in Form von Geschichten. Ich habe eine Geschichte ausgewählt, weil sie zumindest nicht auf den ersten Blick einleuchtend ist und erst durch zwei überraschende Twists enthüllt, was Arendt unter Freiheit versteht. Es ist die Geschichte des Dichters und Résistance-Kämpfers René Char. Die Geschichte besteht aus mehreren erstaunlichen Elementen: Erstens beschreibt Char, der mit seiner Gruppe unter größter Gefahr und dem Einsatz seines Lebens gegen die deutschen Besatzer kämpfte, die Zeit im Widerstand als erfüllend. Sie waren

> zum ersten Mal in ihrem Leben von der Erscheinung der Freiheit heimgesucht worden – und dies gewiß nicht deshalb, weil ihr Handeln gegen die Tyrannei oder Schlimmeres gerichtet war [...], sondern weil sie »Herausforderer« geworden waren, selbst die Initiative ergriffen hatten und deshalb, ohne es zu wissen oder gar zu bemerken, begonnen hatten, jenen öffentlichen Raum zwischen sich zu schaffen, wo die Freiheit erscheinen konnte. (*Zwischen Vergangenheit und Zukunft*)

Das Problem bestand nun darin – das ist der erste Twist –, dass Char und die anderen zwar die Freiheit erlebten, jedoch nicht klar benennen konnten, was ihnen eigentlich widerfahren war. Sie hatten kein Bewusstsein, keine Begriffe und damit kein rechtes Verständnis der Freiheit oder, wie Char selbst sagt: kein Testament für ihr Erbe, ja, sie erinnern sich kaum an diesen doch bedeutenden Umstand, zusammen gehandelt zu haben. So ereignet sich – so der zweite Twist – eine Tragödie, die erst nach der Befreiung Frankreichs einsetzt:

> Die Tragödie begann nicht, als die Befreiung des Landes als ganzes die kleinen verborgenen Inseln der Freiheit, die ohnehin dem Untergang geweiht waren, fast automatisch zerstörte, sondern als sich herausstellte, daß es kein Bewußtsein zum Erben und Befragen, zum Nachdenken und Erinnern gab.

Es gab keine Geschichte zu erzählen, und die nun Befreiten sind auf ihre Privatleben zurückgeworfen. Sie haben die Freiheit – »ihren Schatz« – verloren.

Erstaunliche Fakten über Hannah Arendt

- **Erste Frau:** 1958 wurde Arendt die erste Frau, die einen Lehrstuhl an der Princeton University erhielt.
- **Glückliche Partnerschaft:** Arendts erster Ehemann war der Philosoph Günther Anders (der damals noch Günther Stern hieß). Ihre Ehe war jedoch nicht glücklich, ihre zweite Ehe mit Heinrich Blücher umso mehr.
- **Berühmte Affäre:** Arendt hatte in ihrer Studienzeit eine Affäre mit dem Philosophieprofessor Martin Heidegger. Trotz seiner Nähe zum Nationalsozialismus und obwohl er ihr bahnbrechendes philosophisches Werk vollkommen ignorierte, brach sie nicht mit ihm, sondern hielt den Kontakt auch nach dem Krieg, bis zu ihrem Tod.
- **Rebellin:** Mit 15 Jahren flog Arendt von der Schule, weil sie ihre Mitschüler:innen zum Schulstreik aufgerufen hatte. Sie studierte daraufhin drei Semester an der Berliner Universität und legte das Abitur ein Jahr vor ihren Mitschüler:innen als Externe ab.
- **Staatenlosigkeit:** Arendt war 14 Jahre lang staatenlos, ihren amerikanischen Pass, den sie im Jahr 1951 erhielt, feierte sie mit den Worten: »Ich habe den Pass (das schönste Buch, das ich kenne, nämlich ein Pass) und ich habe das Land ganz gern.«
- **Fluchtgeschichte:** Arendt und ihrer Mutter gelang 1933 die Flucht aus Deutschland mit der Unterstützung einer Familie, deren Haus auf der Grenze zur Tschechoslowakei stand. Die Familie empfing die Flüchtenden als Gäste am Tag durch den Vordereingang, der auf deut-

scher Seite lag. Im Schutze der Nacht verließen sie das Haus durch den Hinterausgang auf tschechoslowakischer Seite.

- **Verlagsfrau:** Von 1946 bis 1949 arbeitete Arendt als Cheflektorin beim Salman Schocken Verlag und gab unter anderem Franz Kafka, Walter Benjamin und Hermann Broch heraus.
- **Gutes Gedächtnis:** Arendts Begabung war schon früh ihr gutes Gedächtnis. Nach eigener Aussage konnte sie einen »guten Teil deutscher Gedichte auswendig«.
- **»Lex Arendt«:** Es ist wenig bekannt, dass sogar ein Gesetz nach Arendt benannt ist. Sie erstritt vor dem Bundesverfassungsgericht eine Entschädigung und die Anerkennung ihrer akademischen Leistungen, die durch die NS-Herrschaft vereitelt worden waren. Dabei ging es insbesondere um die Anerkennung ihres Varnhagen-Buchs als Habilitation. Durch das Urteil konnten einige andere Akademiker:innen ebenfalls einen Anspruch auf Wiedergutmachung in Deutschland geltend machen.
- **Zweisprachigkeit:** Die meisten ihrer Werke schrieb Arendt zweimal, nämlich auf Deutsch und auf Englisch. Es ging ihr darum, mit der Sprache wesentliche Gedanken zu transportieren, was mit einer einfachen Übersetzung nicht gelungen wäre. Dennoch pflegte sie bewusst ihren starken deutschen Akzent, um in ihrer Muttersprache heimisch zu bleiben.
- **Ein guter Tod:** Hannah Arendt starb nach einem Abendessen mit Freunden in ihrer New Yorker Wohnung, mit einer Zigarette in der Hand.

Finstere Zeiten

Den Nationalsozialismus verstehen

Wir springen zurück. Bevor Arendt die Amerikanische Revolution entdeckt und ihre politische Theorie voll entfaltet, befasst sie sich intensiv mit der Frage, wie das nationalsozialistische Regime an die Macht kommen konnte und wie die in der Geschichte präzedenzlosen Verbrechen der Deutschen möglich wurden. Es ist das Thema, das sie seit ihrer Flucht aus Deutschland am meisten beschäftigt und zu dem sie zwischen 1933 und 1950 zahlreiche Aufsätze und Vorträge verfasst. Aus dieser Beschäftigung geht Arendts erstes Hauptwerk hervor, das 1951 erscheint und satte 900 Seiten umfasst: *Elemente und Ursprünge totaler Herrschaft*. Es ist der Versuch, den abgrundtiefen Schrecken, dem sie selbst ja nur knapp entronnen war, zu verstehen. Sie sieht im Nationalsozialismus eine bis dahin vollkommen unbekannte Form der Terrorherrschaft. Als Arendt und Blücher nach ihrer Flucht zum ersten Mal von den Konzentrations- und Vernichtungslagern in Deutschland hören, sind sie entsetzt. Das Wissen um die Shoah trifft sie wie ein Schock:

> Und erst haben wir es nicht geglaubt. Obwohl mein Mann und ich eigentlich immer sagten, wir trauen der Bande alles zu. [...] Und dann haben wir es ein halbes Jahr später doch geglaubt, weil es uns bewiesen wurde. Das ist der eigentliche Schock gewesen. Vorher hat man sich gesagt: Nun ja, man hat halt Feinde. [...] Aber dies ist anders gewesen. Das war wirklich, als ob der Abgrund sich öffnet. Weil man die Vorstellung gehabt hat, alles andere hätte irgendwie einmal wiedergutgemacht werden können. Dies nicht. Dies hätte nie geschehen dürfen.

Kriege, Konflikte und Grausamkeiten sind nichts Neues in der Geschichte, doch das Ausmaß, die Systematik und die ideologische Rechtfertigung erscheinen Arendt als etwas nie zuvor Dagewesenes. Es ist ein Bruch mit der Tradition im politischen Handeln. Und dieser Bruch bedeutet für Arendt auch: Die bisherige politische Wissenschaft und Theorie haben keine begrifflichen Instrumente, um zu beschreiben und zu durchdringen, was passiert ist. Arendt beginnt mit der Niederschrift des Buches in den Jahren 1944/45 und verarbeitet sukzessive eine immense Menge an Literatur und Dokumenten, die nach dem Krieg erscheinen.

Die wichtigste Erkenntnis Arendts ist, dass die totale Herrschaft nicht einfach eine besonders schlimme Form der Diktatur oder Gewaltherrschaft ist, sondern eine vollkommen neue Form der politischen Ordnung. Das Grundprinzip des Totalitarismus ist die Auslöschung jeglicher Spontaneität, seine zentrale Institution ist das Lager. In den Konzentrations- und Vernichtungslagern erprobt der NS-Staat, wie Arendt es ausdrückt, eine »Transformation der menschlichen Natur selbst«. Mit anderen Worten: Die Nationalsozialisten wollen bewei-

Hannah Arendt 1958

sen, dass sie die vollkommene Kontrolle über die Bevölkerung ausüben und jeden auch noch so kleinen Akt der Freiheit auslöschen. Die totale Herrschaft raubt den Menschen nicht nur die Fähigkeit zu handeln, sondern »macht sie im Gegenteil, gleichsam als seien sie alle wirklich nur ein einziger Mensch« zu restlos Unterworfenen, eingespannt in »das eiserne Band des Terrors«:

> Der äußere Zwang des Terrors vernichtet mit der Zerstörung des Raums der Freiheit alle Beziehungen zwischen Menschen; zusammengepresst mit allen anderen ist ein jeder ganz und gar von allen anderen isoliert. Der innere Zwang des konsequent ideologischen Denkens sichert diesem Zwang seine Wirksamkeit, indem er die also isolierten Individuen in einen permanenten, jederzeit übersehbaren, weil konsequent logischen Prozeß hineinreißt, in welchem ihnen jede Ruhe niemals gegönnt ist, in der sie allein der Wirklichkeit einer erfahrbaren Welt begegnen könnten.

Ein weiteres wesentliches Element der totalen Herrschaft erkennt Arendt mit Hilfe Kafkas. Neben die lückenlose Kontrolle der Bevölkerung tritt die Vorstellung der totalitären Machthaber, dass für sie alles machbar sei. Ihr Handeln ist völlig entgrenzt, und sie glauben, die Welt nach ihrem Willen einrichten zu können.

> In einer fiktiven Welt gibt es gar keine Instanz, die Mißerfolge als solche verbuchen könnte; ja selbst der einfache Unterschied zwischen Erfolg und Mißerfolg hängt von dem Fortbestehen einer tatsächlichen und damit von der Existenz einer nichttotalitären Welt ab.

Totalitäre Lügen sind keine gewöhnlichen Lügen, sondern greifen systematisch die Basis einer geteilten Wirklichkeit an: die Unterscheidung von Tatsachen und Meinungen. Im *Bericht aus Deutschland* unterscheidet Arendt zwischen den Lügen totalitärer Propaganda und den »gewöhnlichen Lügen«, auf die auch nichttotalitäre Regime zurückgreifen: Es ist der Wille, diese Lügen wahr werden zu lassen und Tatsachen zu verändern. Arendt nennt dieses ständige Umdeuten von Fakten das »Wahrlügen«. Das Wahrlügen erfordert einen erheblichen Aufwand und setzt voraus, dass alle staatlichen Institutionen darauf ausgerichtet sind. Man denke hier an das Auslöschen von Trotzki aus den sowjetischen Geschichtsbüchern. An der Stelle wird auch schlagartig klar, warum *Elemente und Ursprünge* nach dem Amtsantritt von Donald Trump 2017 in den USA von so vielen Menschen gelesen wurde. In seinem Politikstil fand sich vom ersten Tag an ein Element des Totalitären, wie das Beispiel der gefälschten Fotos von der Inauguration zeigt, die beweisen sollten, dass zu Trumps Feier mehr Menschen als je zuvor gekommen seien.

Den Aufstieg der totalitären Bewegungen erklärt Arendt vor allem dadurch, dass die ansonsten desinteressierte und politisch inaktive Mehrheit der Bevölkerung sich von der Regierung nicht mehr vertreten fühle und die Lösung nicht in Wahlen, sondern im Ruf nach dem »starken Mann« suche. Dies ist eine der auffälligsten Parallelen zwischen dem Aufstieg der faschistischen Bewegungen im 20. Jahrhundert und dem heutigen Rechtspopulismus, wenn wir uns ansehen, wie stark etwa die rechtspopulistische Hetze gegen »die Ampelregierung« im Frühjahr 2024 bei den protestierenden Bauern verfing. So klingen Arendts Analysen in *Elemente und Ursprünge totaler Herrschaft* zum Erfolg der Totalitären in der Demokratie, als seien sie erst gestern geschrieben worden:

> Man hat immer wieder bemerkt, daß totalitäre Bewegungen sich der demokratischen Freiheiten bedienen, um dieselben abzuschaffen. Hinter diesem Spiel, daß trotz aller Proteste immer wieder erfolgreich gespielt wird, sobald sich eine prätotalitäre Atmosphäre eines Landes bemächtigt hat und die

totalitären Bewegungen eine gewisse Stärke erreicht haben, steckt weder eine überlegene Schlauheit auf seiten totalitärer Führer noch eine hoffnungslose, durch keine Erfahrung zu belehrende Torheit und Schwäche demokratischer Politiker.

Arendt beschreibt, wie sich eine prätotalitäre Stimmung breitmachen und zur Gefahr für die Demokratie werden kann. Für die Errichtung eines ausgewachsenen totalitären Gewaltapparats und die Durchführung der nationalsozialistischen Verbrechen kann Arendt zufolge nicht nur eine kleine Elite verantwortlich gemacht werden, da zur Bedienung »jener ungeheuerlichen Maschine« des »Verwaltungsmassenmordes« nicht Tausende oder Zehntausende »ausgesuchter Mörder«, sondern ein ganzes Volk gebraucht werde. Die totale Herrschaft als politisches System setzt »Komplicität der gesamten Beamtenschaft in den staatlichen Ministerien, der Wehrmacht und des Generalstabes, der Justiz, der Industrie und der Wirtschaft« voraus; ohne das Mitwirken der gesamten Gesellschaft wären die Verbrechen nicht möglich gewesen.

Arendts Blick für die fehlende Urteilskraft und Bereitschaft der Deutschen, mitzumachen, ist scharf und präzise. Bereits bei der Machtübernahme durch die Nazis, die sie noch in Deutschland erlebt, fällt ihr auf, dass sich insbesondere die gebildeten und intellektuellen Deutschen freiwillig gleichschalteten. Dies gilt auch für ihr unmittelbares Umfeld und auch für Menschen, die Arendt sehr nahestanden, wie beispielsweise Martin Heidegger oder ihren Studienkollegen Benno von Wiese. Heidegger wird 1933 Parteimitglied und feiert in seiner berüchtigten Rektoratsrede den Nationalsozialismus enthusiastisch (»Größe und Herrlichkeit dieses Aufbruchs«). Von Wiese spricht bei einem Besuch bei Arendt mit Begeisterung von den Nazis: »Das sind große Zeiten.« Er tritt ebenfalls 1933 in die NSDAP ein und fordert öffentlich die »Entfernung des fremden Blutes« aus den Universitäten. Im Interview mit Günter Gaus kommentiert Arendt das Verhalten ihrer gebildeten Freunde so:

> Zu Hitler fiel ihnen was ein; und zum Teil ungeheuer interessante Dinge! Ganz phantastische und interessante und komplizierte! Und hoch über dem gewöhnlichen Niveau schwebende Dinge! Das habe ich als grotesk empfunden.

Für Arendt ist es, als ob sich der Raum um sie herum plötzlich leert. Sie habe nie vergessen, dass es unter den Intellektuellen die Regel gewesen sei, sich gleichzuschalten, und unter den anderen nicht. Arendt erkennt, dass politische Urteilskraft und Bildung nicht unbedingt miteinander verbunden sind.

Nach dem Krieg beobachtet Arendt mit ebenso scharfem Blick die Fortexistenz des totalitären Denkens in der Unfähigkeit der Deutschen, die Realität anzuerkennen. Arendt reist 1949 zum ersten Mal nach 16 Jahren wieder nach Deutschland, in die gerade neu gegründete Bundesrepublik. Sie ist zu diesem Zeitpunkt Forschungsleiterin und Geschäftsführerin der Jewish Cultural Reconstruction und verhandelt mit Bibliotheken und Museen die Rückgabe jüdischen Kulturguts. Arendt ist entsetzt über die Deutschen und schreibt in einem Brief an ihren Ehemann Heinrich Blücher:

> Weißt Du eigentlich, wie recht Du hattest, nie wieder zurück zu wollen? Die Sentimentalität bleibt einem im Halse stecken, nachdem sie einem erst in die Kehle gestiegen ist. Die Deutschen leben von der Lebenslüge und der Dummheit. Letztere stinkt zum Himmel.

Arendt beschreibt in ihrem eindrücklichen Text *Bericht aus Deutschland*, wie sich die Deutschen inmitten ihrer zerstörten Städte – als sei nichts passiert – Ansichtskarten mit Bildern von Orten schicken, die es gar nicht mehr gibt:

> Dieser allgemeine Gefühlsmangel, auf jeden Fall aber die offensichtliche Herzlosigkeit, die manchmal mit billiger Rührseligkeit kaschiert wird, ist jedoch nur das auffälligste äußerliche Symptom einer tief verwurzelten, hartnäckigen und gelegentlich brutalen Weigerung, sich dem tatsächlich Geschehenen zu stellen und sich damit abzufinden.

Das totalitäre Syndrom, Tatsachen für bloße Meinungen zu halten, trifft sie in Gesprächen, die sie mit ganz normalen Menschen auf der Straße führt, allerorten an:

> Beispielsweise kommt auf die Frage, wer den Krieg begonnen habe – ein keineswegs heiß umstrittenes Thema – eine überraschende Vielfalt von Meinungen zutage. In Süddeutschland erzählte mir eine Frau von ansonsten durchschnittlicher Intelligenz, die Russen hätten mit einem Angriff auf Danzig den Krieg begonnen – das ist nur das gröbste von vielen Beispielen.

Arendt führt das auf die totalitäre Zurichtung zurück, die in den Köpfen der Deutschen weiterwirke. Sie sind es gewohnt, dass das, was heute wahr ist, morgen schon für falsch erklärt werden kann, und legen sich die Dinge zurecht, ohne Rücksicht auf Fakten und Tatsachen.

Der Eichmann-Prozess

Mit dem Erfolg von *Elemente und Ursprünge totaler Herrschaft* etabliert sich Arendt nicht nur als Theoretikerin, sondern vor allem auch als scharfsinnige Kommentatorin der Gegenwart. 1961 wird Arendt von der Zeitschrift *The New Yorker* beauftragt, über den Prozess gegen Adolf Eichmann in Jerusalem zu berichten. Die Initiative für den Prozessbericht geht von Arendt aus. Sie will, nachdem sie die Nürnberger Prozesse verpasst hat, nach Jerusalem reisen und sich ein eigenes Bild eines prominenten NS-Täters machen. In *Elemente und Ursprünge totaler Herrschaft* ist Arendt noch der Ansicht, es beim Nationalsozialismus mit dem »radikal Bösen« zu tun zu haben. Eichmann, der ehemalige Leiter des sogenannten Judenreferats im Reichssicherheitshauptamt und SS-Obersturmbannführer, ist einer der Haupttäter und verantwortlich für die Deportation der jüdischen Menschen in die Konzentrations- und Vernichtungslager. 1960 spürt der israelische Geheimdienst Eichmann, der in Argentinien untergetaucht ist, auf und bringt ihn nach Israel, um ihn in Jerusalem vor Gericht zu stellen. Der Prozess findet international große Beachtung und endet mit dem Todesurteil gegen Eichmann, das am 1. Juni 1962 vollstreckt wird.

Die Berichterstattung ist einer der Schlüsselmomente in Arendts Karriere als Theoretikerin und Intellektuelle und wirft sie mitten hinein in langanhaltende öffentliche Debatten um die Erinnerung an die Shoah. In Margarethe von Trottas Kinospielfilm *Hannah Arendt* (2012) werden die harsche öffentliche Auseinandersetzung und der Konflikt mit vielen Vertrauten und Freund:innen eindringlich dargestellt. Die im Grunde bis heute anhaltende Kontroverse beginnt gleich nach der Publi-

Adolf Eichmann in einem kugelsicheren Glaskasten bei seinem Prozess in Jerusalem 1961

kation von Arendts Bericht. Heute würde man von einem Shitstorm erster Güte sprechen.

Arendts berühmte Formulierung von der »Banalität des Bösen« stößt auf heftige Ablehnung, weil sie den systematischen

Massenmord als bürokratisch und sachlich darstellt und damit in den Augen vieler verharmlost. Die Beschreibung von Eichmann als »erschreckend normal« passt nicht in die Vorstellung von den Nazis als teuflisch und radikal böse. Arendt zielt damit jedoch auf die Einschätzung der spezifischen Beschaffenheit des bürokratisch verwalteten Massenmords ab, nicht auf eine Verharmlosung oder Banalisierung. Ebenfalls Teil der Kontroverse ist Arendts universalistische Perspektive auf die NS-Verbrechen. Sie fokussierte sich auf das System und die Durchführung der Verbrechen und damit auf die Frage einer möglichen Wiederholung. Arendts Idee, den Holocaust als »Verbrechen gegen die Menschheit, begangen am jüdischen Volk« zu kategorisieren, empfinden viele als Verrat an der spezifisch jüdischen Leiderfahrung, die in solchen allgemeingültigen Interpretationen zu verblassen drohe. Und nicht zuletzt stoßen sich Arendts Kritiker an ihrem sarkastischen, kühlen Ton, der als mitleidlos gegenüber den Holocaust-Opfern empfunden wird. Wie sehr dies Arendt trifft, hört man aus ihrem Interview mit Günter Gaus 1964 immer noch heraus:

> Der Ton ist weitgehend ironisch, natürlich. Und das ist vollkommen wahr. Der Ton ist in diesem Falle wirklich der Mensch. Wenn man mir vorwirft, daß ich das jüdische Volk angeklagt hätte: Das ist eine böswillige Propagandalüge und nichts weiter. Der Ton aber, das ist ein Einwand gegen mich als Person. Dagegen kann ich nichts tun.

In Margarethe von Trottas Spielfilm steht die Kontroverse ebenfalls im Zentrum der Handlung. Über dieser zerbricht auch die Freundschaft Arendts mit Gershom Scholem. Scholem wirft Arendt mangelnde Liebe zu ihrem Volk vor; sie entgegnet, sie könne nur ihre Freunde lieben, nicht ein ganzes Volk. Interessanterweise wird Scholems Figur im Film ausgelassen, seine Worte stattdessen dem Charakter Kurt Blumenfeld in den Mund gelegt – eine Verschmelzung zweier historischer Persönlichkeiten, die das Drama auf der Leinwand weiter zuspitzt. Wer tiefer in diese Auseinandersetzung eintauchen möchte, findet in dem von Helmut König geschriebenen Nachwort der 2022 im Piper Verlag erschienenen Neuausgabe von *Eichmann in Jerusalem* eine hervorragende Darstellung und Analyse dieser sogenannten Eichmann-Debatte, die eine der langlebigsten, schwierigsten und faszinierendsten über die Deutung der Shoah ist.

Mindestens genauso wichtig wie Arendts herausfordernde Charakterisierung Eichmanns erscheint mir, wie sie an die Sache heranging: Sie setzt dem Schock über die furchtbaren Taten Eichmanns ein Lachen entgegen. Sie empfindet es als grotesk, Eichmann durch die Zuschreibung von Größe aufzuwerten. Im Gaus-Interview beschreibt sie, auf welches Unverständnis sie mit dieser Haltung stößt:

> Sehen Sie, es gibt Leute, die nehmen mir eine Sache übel, und das kann ich gewissermaßen verstehen: Nämlich, daß ich da noch lachen kann. Aber ich war wirklich der Meinung, daß der Eichmann ein Hanswurst ist, und ich sage Ihnen: Ich habe sein Polizeiverhör, 3600 Seiten, gelesen und sehr genau gelesen, und ich weiß nicht, wie oft ich gelacht habe; aber laut! Diese Reaktion nehmen mir die Leute übel! Dagegen kann ich nichts machen. Ich weiß aber eines: Ich würde wahrscheinlich noch drei Minuten vor dem sicheren Tode lachen.

Arendt setzt das Mittel der Ironie jedoch nicht nur ein, um alles Heldenhafte und Heroische an den Nazi-Verbrechern zu zerstören, frei nach Brechts Motto: »Die großen politischen Verbrecher müssen durchaus preisgegeben werden, und vorzüglich der Lächerlichkeit.« Was das Lachen vor allem auch leistet: Es schafft eine Distanz zu den Taten, die in der Lage ist, den Raum für die Konfrontation mit den Tatsachen zu eröffnen. Für mich ist die in dieser Hinsicht hervorstechendste Szene in Arendts 1963 erschienenem Buch *Eichmann in Jerusalem* die über seine Hinrichtung. Arendt beschreibt spitz und treffend, wie sich Eichmann noch bei seiner eigenen Hinrichtung »erhoben wie bei einer Beerdigung« zeigte, nur hatte er vergessen, »dass es die eigene war«.

Arendt betont die Bedeutung des Lachens als Ausdruck von Souveränität, die Fähigkeit, sich emotional vom Schrecken zu distanzieren. Lachen bedeutet, sich nicht als Opfer zu sehen und nicht im Schrecken gefangen zu bleiben. Zugleich ist es paradox: Denn obwohl Lachen souverän macht, ist es kein gesteuerter Akt. Es ist spontan und mehr Ausdruck einer Haltung als eine kontrollierte Reaktion. Dafür spricht Arendts Aussage, ihr Lachen über Eichmann sei »in gewisser Weise unschuldig und nicht reflektiert« gewesen. Arendt interessiert sich immer auch für das Lachen anderer, allen voran wieder Franz Kafkas, dessen Lachen sie als Ausdruck der Freiheit beschreibt: Der Mensch ist »mehr als sein Scheitern«. Lachen wir, geben wir preis, dass wir mehr sind als Leidende – und so dem Versagen, dem Schrecken und der Verzweiflung trotzen (Kafkas Welt könnte jedem die Hoffnung rauben). Wie sich eine solche Haltung erlangen lässt? Vermutlich ist sie, ein wenig wie bei allen praktischen Dingen, das Ergebnis von Übung im Zusammenspiel mit Wachheit und Mut im Umgang mit der Welt.

Arendts Aufsatz *Little Rock* wird seit seiner Veröffentlichung 1959 und auch aktuell im Kontext der Debatten um Kolonialismus und Rassismus kritisch diskutiert. In dem Text reagiert Arendt auf ein zentrales Ereignis der Bürgerrechtsbewegung aus dem Jahr 1957, als eine Gruppe von schwarzen Schüler:innen, bekannt als die »Little Rock Nine«, versucht, die bisher rein weiße Central High School in Little Rock, Arkansas, zu besuchen. Als ein rassistischer Mob die Schüler:innen daran hindert, die Schule zu betreten, greift die Zentralregierung ein und schickt die Nationalgarde, um die neun Schüler:innen sicher in die Schule zu begleiten. Arendt argumentiert, dass zum einen die Schule und das Bildungssystem die falschen Orte seien, um Gleichheit politisch durchzusetzen, und zum anderen diese Auseinandersetzung nicht auf dem Rücken von Kindern ausgetragen werden dürfe. Arendt zeigt in der Debatte wenig Sensibilität für den historischen Kontext. Ihre Analyse lässt die lange Geschichte des Rassismus und die daraus resultierende soziale und wirtschaftliche Ungleichheit in den USA außer Acht. Sie unterschätzt die politische Dimension der Rassendiskriminierung und -trennung, vielleicht auch deshalb, weil sie die Situation der Schwarzen in den USA zu stark vor dem Hintergrund der europäisch-jüdischen Erfahrungen beurteilt.

Arendt distanziert sich nur an einer Stelle und sehr knapp von ihrer Fehleinschätzung, nachdem der Schriftsteller Ralph Waldo Ellison in einem Interview für das Buch *Who speaks for the Negro?* Arendt dafür kritisiert, die politische Dimension der Ereignisse in Little Rock nicht verstanden zu haben. Arendt reagiert mit einem Brief auf das Interview und schreibt an Ellison:

> Ich habe natürlich sehr viel Kritik für diesen Aufsatz von meinen »liberalen« Freunden oder eher Nicht-Freunden bekommen, die, wie ich gestehen muss, nicht gestört hat. Doch ich wusste, dass ich irgendwie falsch lag und dachte, dass ich das Element extremer Gewalt, von elementarer, körperlicher Angst in der Situation nicht wirklich begriffen habe. Doch Ihre Anmerkungen scheinen mir so vollkommen richtig, dass ich nun erkenne, dass ich die Komplexität der Situation einfach nicht verstanden hatte.

Neben *Little Rock* gibt es in Arendts Werk einige weitere Stellen, die von einer eurozentrischen Sichtweise zeugen. Die britisch-indische Schriftstellerin Priya Basil hat in einem Beitrag in der Wochenzeitung *DIE ZEIT* ihren Schrecken beschrieben, als sie in der Arendt-Ausstellung des Deutschen Historischen Museums in Berlin 2020 entdeckte, dass das Museum ganz ohne Kommentar Tondokumente von Arendt, in denen sie das N-Wort verwendete, zugänglich machte:

> Was mich in der Hannah Arendt-Ausstellung im Deutschen Historischen Museum in Berlin am meisten berührte, war Hannah Arendts Stimme. Diese Stimme, die ich all die Jahre, in denen ich ihre Texte las, im Kopf hatte, war auf einmal in meinem Ohr: voll und klar, mit diesen rauchig-rauen Rändern; eine Stimme, der ich ohne Pause zuhören konnte, vor allem wegen der Sätze, die sie sagte. Doch dann sagte Arendt plötzlich das N-Wort. Sie sagte es mit ihrer eigenen Stimme und sie sagte es in Passagen, die von einer Schauspielerin vorgelesen wurden. Ich wünschte, ich hätte es nicht gehört. Hat Hannah Arendt dieses Wort wirklich benutzt? Es passte nicht.

Im Aufsatz *Kultur und Politik* beschreibt Hannah Arendt die Bedeutung der Dingwelt für die Kultur. Für mich war dieser Text immer ein Schlüssel zu ihrem politischen Denken. Wenn ich ihn nun erneut lese, springen mir einige Zeilen ins Auge, und ich erschrecke mich über mich selbst, da ich offenbar bislang über sie hinweggelesen habe. Arendt unterscheidet hier zwischen »weltschaffenden« und »weltlosen Völkern«. Sie schreibt:

> Auch diese Dingwelt kann nicht einfach aus den Lebensnotwendigkeiten des Menschen hergeleitet werden; sie ist für das schiere Am-Leben-Bleiben nicht notwendig, wie die Nomadenstämme, die Zelte und Hütten primitiver Völker beweisen.

An dieser Stelle ist Arendts Beschreibung – anders als bei ihrer Joseph-Conrad-Lektüre in *Elemente und Ursprünge totaler Herrschaft* – nicht mit ihrer Methode der Perspektivübernahme zu erklären, an dieser Stelle ergründet sie nicht die Entstehung des kolonialen Bewusstseins und die Erfindung der Rassenpolitik. An dieser Stelle ist es die authentische Stimme von Arendt, die »primitiven Völkern« eine Art weltloser Existenz zuschreibt.

Bei aller Kritik an der modernen Gesellschaft sieht Arendt nur selten über den Tellerrand der westlichen Industrienationen und der abendländischen Erzählung hinaus. Selbst ihre intensive, kritische und neue Perspektiven eröffnende Beschäftigung mit dem Kolonialismus bringt sie nicht dazu, die Perspektive nichtwestlicher Gesellschaften einzunehmen oder sich für ihre Kämpfe zu interessieren. Ich schließe mich der Haltung Priya Basils an, die auf Arendts »historisch blinde Flecken« hinweist, ohne damit ein Gesamturteil über Arendt zu fällen:

> Sogar Hannah Arendt!, dachte ich zuerst bestürzt, doch dann dämmerte es mir langsam: Ja, natürlich! Wir sind alle Kinder des Kolonialismus, keiner und keine von uns ist davon ausgenommen, ob wir ein Auge oder zwei haben, unser Sehvermögen ist von historischen blinden Flecken geplagt. De-kolonisieren bedeutet zu versuchen, all das zu sehen, wissend, dass es uns nie ganz gelingen wird.

Neuanfänge

Revolutionen und Einhörner

Die tatsächlichen und noch ausstehenden Revolutionen unserer Gegenwart finden wie so viele der Vergangenheit auf Plätzen statt. Trotz der gestiegenen Bedeutung der digitalen Kommunikationsmedien ist es immer noch die Idee des Sich-Versammelns, die größten Anklang findet, sei es auf dem Tahrir-Platz in Kairo, im Zuccotti-Park in New York, auf dem Taksim-Platz in Istanbul, als Teil der Kämpfe der Frauen im Iran oder der Klimabewegung mit ihren großen Demonstrationen und öffentlichkeitswirksamen Aktionen auf den Straßen. Trotzdem haben Revolutionen etwas Flüchtiges und Unwirkliches – eine Beobachtung, die auch Arendt anlässlich der modernen Revolutionen, z. B. 1956 in Ungarn, macht. »Einhörner und Märchenköniginnen«, schreibt sie im Vorwort von *Zwischen Vergangenheit und Zukunft*, »scheinen mehr Wirklichkeit zu haben als der verlorene Schatz der Revolutionen.« Warum ist das so? Die Erklärung scheint leicht: Weil sie sich nicht durchsetzen?! Doch damit gibt sich Arendt nicht zufrieden. Schließlich waren die Französische und die Amerikanische Revolution erfolgreich, und dennoch: Das, was sie eigentlich ausmache, sei nicht viel mehr als eine Luftspiegelung und gerate regelmäßig in Vergessenheit, weil es keinen Namen habe.

Der »uralte Schatz, der unter den unterschiedlichsten Umständen jäh, unerwartet zum Vorschein kommt und unter anderen mysteriösen Bedingungen wieder verschwindet, als wenn er eine Fata Morgana sei«, sei höchstens mit einem alten Begriff einzufangen: der *public happiness*. Öffentliches Glück? Da nichts die Bedeutung eines Begriffs besser einfangen kann als eine gute Geschichte, fängt Arendt an zu erzählen, um dieses Einhorns des öffentlichen Glücks habhaft zu werden.

Eine dieser Geschichten ist Teil eines Vortrags, den Arendt 1960 im Rahmen der Jahrestagung der American Political Science Association in New York hält. Man muss es sich vorstellen: Diesem akademischen Publikum erklärt Arendt, dass ihre Methode ganz altmodisches Geschichtenerzählen – »my old-fashioned storytelling« – sei. Das tut sie nicht nur, um zu kokettieren: Arendt ist überzeugt davon, dass die Bedeutung des Handelns sich am allerbesten erfassen lasse, indem man Geschichten erzählt. Arendt erkundet in ihrem Vortrag die Bedeutung einer ihr als Europäerin sehr merkwürdig vorkommenden Formulierung in der Amerikanischen Unabhängigkeitserklärung: dem Recht auf das »Streben nach Glück« (*pursuit of happiness*). Sie hat das Gefühl, die Bedeutung nur im Kontext der Amerikanischen Revolution und der spezifischen politischen Erfahrungen in der Gründungszeit der Amerikanischen Republik finden zu können. Und interessanterweise denkt sie mit keinem Wort an das Streben nach ökonomischem Erfolg, was einem gängigen europäischen Vorurteil gegenüber den USA entsprechen würde, sondern an einen Zusammenhang zwischen politischem Handeln und Glück.

Genie der Freundschaft

Arendts Adressbuch enthält die Namen von 537 Personen und Institutionen – eine Anzahl von Kontakten, die sogar in unseren digitalen Zeiten noch beeindruckt. Arendt war begabt darin, Freundschaften aufzubauen und zu pflegen, sowohl quantitativ als auch qualitativ. Zu Arendts Freund:innen gehören unter anderem Martin Heidegger, Karl Jaspers, Mary McCarthy, Uwe Johnson, Alfred Kazin, Hans Jonas, Günther Anders, Hilde Fränkel, Walter Gurian, Hermann Broch, Kurt Blumenfeld, Gershom Scholem.
In den 1940er Jahren bauen sich Arendt und Blücher einen New Yorker Freundeskreis auf, von denen viele mit der Zeitschrift *Partisan Review* verbunden sind – die sogenannte »Peer Group«.

Heinrich Blücher, Hannah Arendt, Dwight Macdonald und Gloria Macdonald (stehend); Nicola Chiaromonte, Mary McCarthy und Robert Lowell (sitzend)

Dieses Verständnis eines öffentlichen Glücks – *public happiness* – sei in der Zeit vor der Amerikanischen Revolution entstanden, in den Versammlungen und *town hall meetings*, die Alexis de Tocqueville in seinem berühmten Buch *Über die Demokratie in Amerika* (1835–40) beschreibt.

Arendts Geschichte lautet wie folgt: Sie habe einen alten Bekannten getroffen, der früher radikaler Kommunist gewesen sei. Das Gespräch sei auf die Frage gekommen, wie er heute zu seiner politischen Vergangenheit stehe. Der Bekannte antwortete nicht mit einer Rechtfertigung, sondern erzählt seinerseits eine Geschichte: Ein Spieler kommt in eine fremde Stadt und sucht direkt das örtliche Spielkasino auf. Auf dem Weg trifft er einen Einheimischen, der ihn vor einem manipulierten Glücksrad warnt. Der Spieler entgegnet, dass ihn dies nicht aufhalte, da es in der Stadt nun einmal kein anderes Glücksrad gebe. Arendt erkennt in dieser Geschichte das Motiv wieder, das sie schon bei René Char, dem Dichter in der Résistance, gefunden hat: das Glück des Handelns gefunden zu haben, wenn auch unter falschen, »gezinkten« Bedingungen. Bei Arendts manipuliertem Glücksrad (»crooked wheel«) fällt mir direkt das Kant-Zitat ein: »Aus so krummem Holze (›crooked timber‹), als woraus der Mensch gemacht ist, kann nichts ganz Gerades gezimmert werden.« Ist das hier wieder eines von Arendts poetischen Wortspielen? Ich weiß es nicht, aber inhaltlich passt es wunderbar. Wir sollten nicht die Erwartung haben, dass es in der Politik sauber, glatt und gerade zugeht. Auch Arendts Begriff des Zusammen-Handelns rechnet mit dem krummen Holz und dem nicht ganz sauberen Rad der Politik. Doch trotz der Mühen und trotz der Fallstricke und selbst in gefährlichen oder belastenden Situationen kann es das einzig Richtige sein und obendrein Spaß machen, zusammen zu handeln.

Arendt bezweifelt allerdings, dass ihr Bekannter in den USA der 1930er Jahre tatsächlich solche Erfahrungen gemacht habe. Für sie ist es dennoch eine gute Geschichte, weil sie eine Wahrheit enthalte. Wie um sich selbst weiter von der Evidenz zu überzeugen, schließt Arendt eine weitere Geschichte an, die sie in einem Briefwechsel zwischen Thomas Jefferson und John Adams, zwei der amerikanischen Gründerväter, entdeckt hat. In den Briefen geht es unter anderem um die Vorstellung des Lebens nach dem Tode, das Jefferson an einer Stelle mit »souveräner Ironie« ausmalt: »Mögen wir dort, wieder im Kongress, unsere alten Kollegen wiedertreffen und zusammen mit ihnen das Siegel der Anerkennung erhalten: ›Gut gemacht, gute und treue Diener.‹« Jefferson gibt hier – trotz des ironischen Zungenschlags – zu, dass die Erfahrung des öffentlichen Glücks im Kongress eine Art Vorgeschmack auf das Paradies gewesen sei, ja, er sich das Paradies als eine Art Kongress vorstellt.

Republik statt Nationalstaat

Das große Beispiel für eine gelungene Revolution ist für Arendt nicht die Französische, sondern die Amerikanische. Das ist die Hauptthese von Arendts Buch *Über die Revolution*, das 1963 erscheint. Die Amerikanische Revolution ist für Arendt darum so bedeutend, weil in ihr

> charakteristischerweise die Founding Fathers, die gründenden Väter, mit Hilfe einer Konstitution einen durchaus neuen politischen Körper gegründet haben, der bisher wenigstens standgehalten hat, und dies, obwohl die spezifi-

sche Modernität der modernen Welt sich in allen nichtpolitischen Bereichen kaum irgendwo so radikal äußert wie gerade in den Vereinigten Staaten.

Die Amerikanische Revolution war für Arendt eine »Gründung der Freiheit«, die sich vor allem aus den Erfahrungen der *town hall meetings* speiste und damit aus dem gemeinsamen Handeln. Es war, wie sie in *Über die Revolution* ausführt, keine Revolution, die von einer bestimmten Theorie ausging, sondern sich aus öffentlichen Handlungszusammenhängen und sozialen Beziehungen entwickelt habe:

> In Amerika, wo es ja immer diese spontanen Vereinigungen gibt, die dann auch wieder auseinandergehen, diese associations, von denen schon Tocqueville gesprochen hat, da können Sie das sehr deutlich sehen. Irgendein öffentliches Interesse betrifft jetzt eine bestimmte Gruppe von Menschen, eine Nachbarschaft oder auch nur ein Haus oder eine Stadt oder eine andersgelagerte Gruppe. Dann werden diese Leute zusammenkommen, und sie sind sehr gut imstande, in diesen Dingen öffentlich zu handeln. Denn diese Dinge überschauen sie.

Am Beispiel der USA arbeitet Arendt den Unterschied zwischen einer Republik und einem Nationalstaat heraus. Auch wenn die Debatte über die Vor- und Nachteile der unterschiedlichen staatlichen Organisationsformen komplex ist, lässt sich der Kern der Unterscheidung, die für Arendt wichtig ist, zugespitzt knapp umreißen: Während die Republik in erster Linie auf Gewaltenteilung und die aktive Beteiligung der Bürger:innen am Gemeinwesen ausgerichtet ist, beruht der Nationalstaat auf der Idee kultureller Homogenität und der Wahrung nationaler Interessen. In einer republikanischen Ordnung ist die souveräne Macht des Staates nicht zentralisiert, sondern durch die Gewaltenteilung (z. B. zwischen Zentralregierung und Teilstaaten) aufgebrochen, während der Nationalstaat auf dem Prinzip einer ungeteilten Souveränität basiert. Für Arendt ist damit die Republik die Staatsform, in der Herrschaft durch Macht ersetzt und die Pluralität anerkannt wird. Im Nationalstaat kann die Betonung der nationalen Identität und kulturellen Homogenität zu Ausgrenzung und Diskriminierung von Minderheiten führen. Eine gut organisierte Republik fördert das Gemeinwohl und ermutigt die Bürger:innen, sich aktiv am politischen Prozess zu beteiligen und ihre Meinungen und Ideen einzubringen. Um die Freiheit des Handelns zu realisieren, braucht es – denken wir an Arendts Überlegungen zur Freiheit – begrenzte Räume, in denen Menschen miteinander handeln, sprechen, erscheinen können. In einem Radiogespräch mit dem deutschen Staatsrechtler Carlo Schmid bringt Arendt den Gedanken 1965 so auf den Punkt:

> Und die Frage ist doch, vor der wir heute stehen bei diesen Mammutstaaten, wie man sie wieder sozusagen auseinanderschlagen kann, dass es für diejenigen, die wollen – was keineswegs identisch ist mit der Majorität der Bevölkerung – eine Möglichkeit gibt, eben das Glück des Öffentlichen, wie das 18. Jahrhundert es genannt hat.

Würde Arendt heute noch leben, wäre sie sicherlich der Star aller Podcasts! Daneben taucht an dieser Stelle aber die Frage auf, wie Arendt sich diese Zerschlagung vorstellt und welche politische Ordnung sie im Hinterkopf hat. In den USA sieht sie

THE UNITED STATES OF AMERICA

ORIGINAL
TO BE GIVEN TO
THE PERSON NATURALIZED

No. 6979219

CERTIFICATE OF NATURALIZATION

Petition No. 600675

Personal description of holder as of date of naturalization: Date of birth October 14th, 1906 sex female complexion fair color of eyes brown color of hair brown height 5 feet 6 inches; weight 135 pounds; visible distinctive marks none

Marital status married former nationality German

I certify that the description above given is true, and that the photograph affixed hereto is a likeness of me.

Hannah Arendt Bluecher
(Complete and true signature of holder)

UNITED STATES OF AMERICA
SOUTHERN DISTRICT OF NEW YORK } SS:

Be it known, that at a term of the District Court of The United States held pursuant to law at New York City on December 10th, 1951 the Court having found that HANNAH ARENDT BLUECHER then residing at 130 Morningside Drive, New York, N.Y. intends to reside permanently in the United States (when so required by the Naturalization Laws of the United States), had in all other respects complied with the applicable provisions of such naturalization laws, and was entitled to be admitted to citizenship, thereupon ordered that such person be and (s)he was admitted as a citizen of the United States of America.

In testimony whereof the seal of the court is hereunto affixed this 10th day of December in the year of our Lord nineteen hundred and 51 and of our Independence the one hundred and 76th.

Seal

WILLIAM V. CONNELL
Clerk of the U.S. District Court.
By Deputy Clerk.

It is a violation of the U.S. Code (and punishable as such) to copy, print, photograph, or otherwise illegally use this certificate.

DEPARTMENT OF JUSTICE

Endlich nicht mehr staatenlos: Hannah Arendts Einbürgerungsurkunde aus dem Jahr 1951

zwar die Grundgedanken einer Republik in der Gründung von 1776 verwirklicht, doch kritisiert sie die USA immer stärker dafür, sich in Richtung eines Nationalstaats zu entwickeln und die Institutionen der Freiheit zu wenig zu schützen, wie wir am Beispiel von *Little Rock* gesehen haben.

Es gibt eine andere politische Ordnung, die mehr durch Arendts Denken geistert, als dass sie systematisch ausgeführt wird: die Räterepublik. Zum ersten Mal taucht die Idee bei Arendt 1948 auf, als sie zwei Wochen vor der Gründung des Staates Israel in der Zeitschrift *Commentary* unter dem Titel »To Save the Jewish Homeland« (»Zur Rettung des jüdischen

Heimatlandes«) dazu aufruft, Israel nicht als jüdischen Nationalstaat zu gründen, sondern die letzte Chance einer Kooperation zwischen der jüdischen und der arabischen Bevölkerung wahrzunehmen. Ein jüdischer Nationalstaat könne die Ausweitung des bewaffneten Konflikts nicht verhindern, ein binationaler Staat möglicherweise schon. Arendt schlägt die Gründung lokaler jüdisch-arabischer Räte vor, die unter der Schirmherrschaft der Vereinten Nationen als Schule der Kooperation und der Selbstverwaltung die Grundlage eines binationalen und föderalen Staates bilden können. Diese Räte könnten ein Ort der Selbstverwaltung und des Lernens werden und den Konflikt auf der »niedrigsten und vielversprechendsten Ebene der Nähe und der Nachbarschaft« lösen. Im Zuge des sich schnell zum Krieg zuspitzenden Konflikts bleibt Arendts Idee jedoch ein bloßer Debattenbeitrag.

Die Räte sind die wahren Einhörner in Arendts politischem Denken – sie tauchen auch später bei ihr immer wieder auf, werden aber ebenso leicht übersehen. In der Ungarischen Revolution von 1956 beobachtet Arendt das spontane Entstehen von Räten. In *Über die Revolution* (1963) beschreibt sie die Räte dann etwas ausführlicher als diejenige Machtstruktur, die als einzige direkt und spontan aus dem Handeln entspringe. Dafür brauche es kein Vorwissen und keine Theorie. Arendt geht damit auf Distanz zu anarchistischen Theoretikern wie Pierre-Joseph Proudhon (1809–1865) und Michail Alexandrowitsch Bakunin (1814–1876), die sie in der Sache für »leicht überschätzt« hält. Eine der wichtigsten politischen Fragen, die sich für Arendt stellt, ist, wie die Räte als spontan entstehende Strukturen nach einer erfolgreichen Revolution im Rahmen einer als Föderation strukturierten Republik verstetigt werden können, ohne den Erscheinungsraum des Handelns einzukassieren. Nur so könne gewährleistet werden, dass erstens das Volk tatsächlich die Kontrolle behalte und zweitens alle Bürger:innen die Möglichkeit erhalten, sich niedrigschwellig politisch zu beteiligen. Arendts Idee einer politischen Ordnung, die auf lokalen Räten basiert und sich als föderative Struktur versteht, das heißt als Staat mit Bündnischarakter, der auch größere Gebiete umfassen kann – Arendt schwebte unter anderem eine Mittelmeerföderation vor –, bleibt eine bisher jedoch unverwirklichte Utopie.

Ziviler Ungehorsam

Aus einer europäischen Perspektive ist diese Art des republikanischen Denkens immer etwas gewöhnungsbedürftig. Doch wenn man sich darauf einlässt, können Arendts an die Fundamente der Politik gehende Überlegungen sehr erfrischend sein und neue Perspektiven eröffnen, weil sie die Grundlagen unseres Verständnisses, was Demokratie ist, berühren und offenlegen. Das zeigt auf eine besondere und ziemlich aktuelle Weise die Debatte um den zivilen Ungehorsam in den USA, an der sich Arendt ab den 1960er Jahren beteiligte.

Ziviler Ungehorsam ist ein fester Bestandteil der amerikanischen Demokratie, seit der Schriftsteller Henry David Thoreau Mitte des 19. Jahrhunderts berühmt wurde, als er sich weigerte, Steuern zu zahlen, da er mit der Politik der damaligen Regierung nicht einverstanden war. In der Bürgerrechtsbewegung und den Protesten gegen den Vietnamkrieg in den 1960er Jahren griffen Aktivist:innen diese Tradition aktiv wieder auf. Hannah Arendt mischte sich in die Debatte darum, ob die Protestaktionen gerechtfertigt oder nicht einfach kriminelle Akte ohne Legitimation seien, auf eine für sie typische Weise ein: Wieder einmal setzte sie sich zwischen alle Stühle. Sie verteidigte den zivilen Ungehorsam, begründete ihn jedoch vollkommen anders als seine zumeist linken oder linksliberalen Befürworter:innen. Arendt argumentiert in ihrem Vortrag *Ziviler Ungehorsam* aus dem Jahr 1970, dass nicht ein moralisches Prinzip oder höheres Recht den zivilen Ungehorsam legitimiere. Vielmehr sei ziviler Ungehorsam eine Erinnerung an das ursprüngliche Versprechen der Verfassung, an den »Geist der Gesetze« und Ausdruck einer Gruppe oder Minderheit, der sich gegen einzelne Gesetze oder Maßnahmen der Regierung richtet:

> Ziviler Ungehorsam entsteht, wenn eine bedeutende Anzahl von Staatsbürgern zu der Überzeugung gelangt ist, daß entweder die herkömmlichen Wege der Veränderung nicht mehr offenstehen beziehungsweise auf Beschwerden nicht gehört und eingegangen wird oder daß im Gegenteil die Regierung dabei ist, ihrerseits Änderungen anzustreben, und dann beharrlich auf dem Kurs bleibt, dessen Gesetz- und Verfassungsmäßigkeit schwerwiegende Zweifel aufwirft.

Nach Arendts Auffassung sind die Vereinigten Staaten besonders geeignet, den zivilen Ungehorsam in ihre Rechtsordnung zu integrieren und »damit klarzukommen«, weil sie aus einer Revolution heraus entstanden sind. Jeder Akt des zivilen Ungehorsams erinnert an die Gründung der Republik und das Versprechen, das sich die Gesellschaft mit der Verfassung gegeben hat. Dahinter steckt ein spezifisches Verständnis des Rechts, das Arendt einen »horizontalen Gesellschaftsvertrag« nennt. Die Bürger:innen der Vereinigten Staaten sind nicht durch eine gemeinsame Erinnerung oder ethnische Herkunft miteinander verbunden, sondern einzig und allein durch das Verfassungsversprechen im Moment der Gründung. Dieses Versprechen braucht jedoch eine regelmäßige Erneuerung, da sich die Welt ständig und manchmal grundlegend ändert und die Gesetze im Lichte der Veränderungen – aber eben auch im »Geist der Gesetze« – angepasst werden müssen. Akte des zivilen Ungehorsams weisen auf solche Anpassungs- und Änderungsbedarfe hin.

Arendt plädiert dafür, den zivilen Ungehorsam zu institutionalisieren, indem den Gruppen und Minderheiten, die zivilen Ungehorsam praktizieren, über Vertreter:innen ein ständiger Ort im Kongress eingerichtet wird.

> Diese Meinungsminderheiten könnten sich auf diese Weise als Macht etablieren, die nicht nur anlässlich von Demonstrationen und anderer Darstellungen ihres Standpunktes »aus der Ferne zu sehen«, sondern ständig präsent wären und mit der man in den täglichen Regierungsgeschäften rechnen müßte.

Anlass von Arendts Vorschlag sind gesellschaftliche Konflikte und eine politische Krise, die 1970, als Arendt den Text verfasst, mit den umfassenden Protesten gegen den Vietnamkrieg und gegen den Angriff auf Kambodscha und mit der Repression gegen die Bürgerrechts- und Student:innenbewegung klar hervortritt.

Die heutigen Proteste der Klimabewegung und die vielfältigen Akte des zivilen Ungehorsams zeigen – wie auch die eindeutigen wissenschaftlichen Stellungnahmen dazu – ebenfalls eine gesellschaftliche Krise auf. Es herrscht begründete Unzu-

Demonstration gegen den Vietnamkrieg in San Francisco, 1970

friedenheit mit dem Handeln der Regierungen und mit einer veralteten Gesetzgebung, die dem Notstand der ökologischen Krise nicht angemessen Rechnung trägt.

Der Staatsrechtler Jens Kersten hat in seinem Buch *Das ökologische Grundgesetz* (2022) einen Vorschlag für eine ökologische Erneuerung der deutschen Verfassung vorgelegt. Die Staatszielbestimmung zum Umweltschutz, der in Artikel 20a des Grundgesetzes festgehalten ist, sei viel zu schwach und bilde keine Grundlage für die gesellschaftlichen Veränderungen, die für einen effektiven Klima- und Naturschutz notwendig seien. Es bräuchte ein »ökologisches Grundgesetz«, das den Naturschutz als Prinzip auf allen Ebenen verankert. Unter anderem schlägt er die Einrichtung eines »Ausschusses für Natur« vor, in dem Mitglieder der Naturschutzverbände und der

Wissenschaftsakademien sitzen sollen. Mit Arendt könnte man diesen Vorschlag noch ein wenig verbessern und Vertreter:innen der Klimabewegung einen Sitz in diesem Ausschuss geben. Neben Kerstens Vorschlag gibt es eine ganze Reihe weiterer guter Ideen, wie starke partizipative Elemente wie z. B. Bürger:innenräte, die nachhaltige und ökologische Transformation unterstützen können.

Arendts Überlegungen können uns helfen, die Klimaproteste als Triebkräfte demokratischer Veränderungen und nicht als illegale und illegitime Akte zu sehen – auch wenn wir nicht alles 1:1 aus dem amerikanischen Kontext übertragen können.

Es gibt noch eine weitere spannende Debatte zur Möglichkeit von Neuanfängen und Neugründungen. Die Kulturanthropologen David Graeber und David Wengrow argumentieren in ihrem Buch *Anfänge. Eine neue Geschichte der Menschheit* (2022), dass unsere gegenwärtige westlich-globale Zivilisation im menschheitsgeschichtlichen Vergleich zu vielen vergangenen Gesellschaften diejenige ist, die festgefahren, ja, in einer Sackgasse gelandet sei. Ihr Argument ist ein anthropologisches: Beispiele für Neuanfänge und politische Transformationen würden sich überall in den Zeugnissen der Vergangenheit und Gegenwart anderer Gesellschaften finden, und zwar über den gesamten Globus verteilt. Das macht doch Mut!

Exkurs: Bürgerräte in der Demokratie

Hannah Arendt plädiert dafür, den zivilen Ungehorsam zu institutionalisieren und freien Vereinigungen von Bürger:innen in den USA Verfassungsrang zu geben. So sollen auch Minderheiten in die Lage versetzt werden, Einfluss auf die politischen Entscheidungsträger:innen im Kongress zu nehmen. Heute spiegelt sich diese Idee in den Bürgerräten wider, die in repräsentativen Demokratien eine immer größere Rolle spielen und in vielen Ländern erprobt werden. Im Gegensatz zu Arendts Ansatz haben Bürgerräte, wie sie zum Beispiel in Frankreich oder Deutschland zu Themen wie Klima (Frankreich 2019/20) oder Ernährung (Deutschland 2023/24) eingerichtet worden sind, jedoch ausschließlich beratenden Charakter: Sie entwickeln Empfehlungen für die politischen Entscheidungsträger:innen, die nicht verpflichtend umgesetzt werden müssen. Als sogenannte Mini-Öffentlichkeiten sollen in den Bürgerräten Argumente aus vielen unterschiedlichen, die Bevölkerung möglichst breit repräsentierenden Perspektiven ausgetauscht werden. In der Regel werden die Bürger:innen dabei nach dem Zufallsprinzip ausgewählt. Dies soll eine gesamtgesellschaftliche Befassung mit zentralen Themen ermöglichen und die politische Entscheidungsfindung durch die so gewonnenen Empfehlungen auf eine breitere Basis stellen. Es gibt jedoch auch andere Formen der Beteiligung, etwa durch die Einbeziehung der Perspektiven von Betroffenen, wie dies zum Beispiel bei der Endlagersuche für hochradioaktive Abfälle in Deutschland der Fall ist. All diese Formen ergänzen die repräsentative Demokratie und sollen politische Prozesse nachvollziehbarer machen und so stärker legitimieren.

Liebe zur Welt

Bloß kein Weltuntergang

> Der natürliche Weg ist immer der Weg des Untergangs, und eine Gesellschaft, die sich blind der Notwendigkeit der in ihr selbst beschlossenen Gesetze anheimgibt, kann immer nur untergehen.

Hellseherisch klingende Sätze schreibt Arendt da als Reflexionen über Franz Kafkas Dichtung in *Die verborgene Tradition.* Während ich dies hier schreibe, im April 2024, liegt der CO_2-Gehalt der Atmosphäre bei 426,72 ppm (*parts per million* bzw. ein Millionstel) im Vergleich zu ca. 299 ppm bei Arendts Geburt 1906 und 330 ppm CO_2 bei ihrem Tod 1975. Die Botschaft des Weltklimarats IPCC in seinem jüngsten Bericht ist klar: Die Zeit zum Handeln, die Zeit, um den menschengemachten Klimawandel zu bremsen und den Planeten für künftige Generationen einigermaßen bewohnbar zu halten, läuft ab. Wenn die Weltgemeinschaft nichts unternimmt, droht der Weltuntergang. Als ich Arendts Überlegungen zu Kafka in diesem Lichte nun wieder lese, scheint mir wichtiger denn je zu sein: Es kommt nicht darauf an, den Teufel an die

Wand zu malen, sondern zu verstehen, wie es so weit kommen konnte. Die Illusion der Notwendigkeit und des Unausweichlichen knacken. Vom Weltuntergang wird niemand zum Handeln motiviert. Der Weltklimarat hat dies übrigens auch erkannt und formuliert zum ersten Mal Handlungsempfehlungen und bemüht sich gleichzeitig um eine Sprache der Hoffnung.

Was Arendt an Kafka fasziniert, ist gerade nicht die »Prophezeiung eines kommenden Schreckens«, die für sie »genauso billig wie alle anderen Untergangsprophetien« wäre, sondern seine Fähigkeit, in seinen Texten ein gnadenloses und analytisch scharfes Gesellschaftsbild zu zeichnen – eine Art Hyperrealismus, der durch die Überzeichnung einen unwirklichen, die Wirklichkeit quasi übertreffenden Charakter erzielt. Für Arendt beschreibt Kafka unter anderem in *Der Prozess* oder *In der Strafkolonie* die Quintessenz der totalitären Ideologien: den bedingungslosen Glauben an die Notwendigkeit. Für Arendt ist der Glaube an den Weltuntergang nur die Kehrseite des Fortschrittsglaubens, den sie mit dem Hinweis auf einen anderen ihr sehr nahestehenden Denker kritisiert. Die Macht des Fortschritts, schreibt Arendt, könne man nicht besser beschreiben als Walter Benjamin in den *Geschichtsphilosophischen Thesen*:

> Der Engel der Geschichte [...] hat das Antlitz der Vergangenheit zugewendet. Wo eine Kette von Begebenheiten vor uns erscheint, da sieht er eine einzige Katastrophe, die unablässig Trümmer auf Trümmer häuft und sie ihm vor die Füße schleudert. Er möchte wohl verweilen, die Toten wecken und das Zerschlagene zusammenfügen. Aber ein Sturm weht vom Paradiese her, der sich in seinen Flügeln

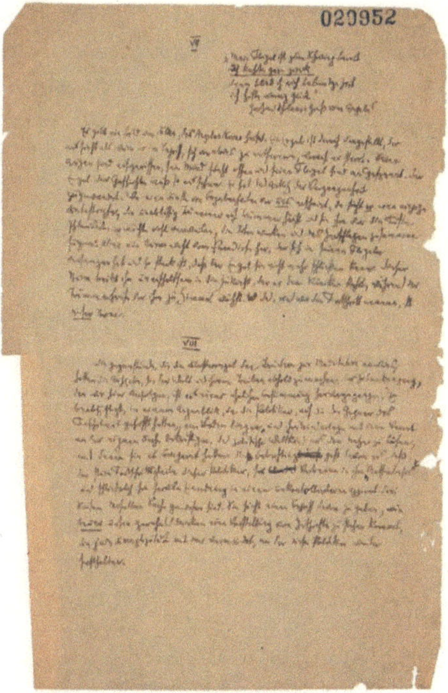
020952

VII

VIII

Walter Benjamin übergab Hannah Arendt vor seinem Tod auf der Flucht vor den Nazis dieses Manuskript seiner *Geschichtsphilosophischen Thesen.*

> verfangen hat und so stark ist, daß der Engel sie nicht mehr schließen kann. Dieser Sturm treibt unaufhaltsam in die Zukunft, der er den Rücken kehrt, während der Trümmerhaufen vor ihm in den Himmel wächst. Das, was wir Fortschritt nennen, ist dieser Sturm.

Wie verführerisch ist es, an den Fortschritt und damit an eine Zukunft zu glauben, in der alle unsere heutigen Probleme wie durch die Zauberhand der Technik gelöst werden. Ich arbeite, wenn ich nicht gerade Arendt-Bücher schreibe, in einem Bereich, wo diese Problematik sehr drastisch zutage tritt: der Suche nach einem Endlager für hochradioaktive Abfälle. Am Beginn der Atomenergienutzung stand das Versprechen nach endloser und umweltfreundlicher Energie. Die Sonne des Atoms strahlte gewissermaßen in Reinform für die Idee des Fortschritts. Eines der prägenden Erlebnisse meiner Kindheit läutete die Ernüchterung ein. 1986 explodierte das ukrainische Atomkraftwerk Tschernobyl und schickte Radioaktivität mit Wind und Wolken quer durch Europa. Nach einer weiteren nuklearen Katastrophe im japanischen Fukushima 2011 stieg Deutschland endgültig aus der Atomenergie aus, im Frühjahr 2023 wurden die letzten drei laufenden Atommeiler abgestellt. Ich bin froh, dass wir diese gefährliche, teure und in ihren Folgen nicht beherrschbare Technologie zu einem Ende bringen. Doch in den Diskussionen rund um Laufzeitverlängerungen, alternative Reaktorkonzepte und einen möglichen Wiedereinstieg schwingt der alte Glaube an den Fortschritt weiter mit, künftige Technologien, von denen wir heute nicht sagen können, ob sie jemals erfolgreich zum Einsatz kommen, würden das Problem lösen und uns endlich zu der sauberen Energie verhelfen, von der die moderne Menschheit schon immer träumt. Für einen solchen Märchenglauben müssen allerdings weiterhin die Risiken dieser Technologie ebenso verdrängt werden wie die weiterhin offene Frage nach der langfristigen sicheren Lagerung und Entsorgung des Atommülls. Während wir uns in diesen Debatten verzetteln, wehen von der Klimaerhitzung angefachte Stürme in diesen Tagen immer stärker vom Paradiese her und lassen bereits die ersten Südseeinseln im Meer versinken.

Literarische Einflüsse

Für Arendt waren Literatur und Dichtung ein ständiger Bezugspunkt und eine Quelle des Verstehens. Nach eigener Aussage kannte sie »einen ziemlich großen Teil deutscher Gedichte auswendig«. Und fügte hinzu: »Die bewegen sich da immer irgendwie im Hinterkopf.« Das zeigt sich auch in ihren Texten: Überall finden sich Zitate von unter anderem Franz Kafka, Bertolt Brecht, Homer oder Isak Dinesen.

Homer (etwa 7. oder 8. Jh. v. Chr.)

Homer ist der Lehrer der griechischen Polis und die Quelle der großen Idee des politischen Handelns und der Freiheit. In der unvollendet und erst postum erschienenen Einführung *Was ist Politik?* erläutert Arendt, dass Homer derjenige war, der die Freiheit des Zusammen-Handelns und Miteinander-Sprechens in der griechischen Polis beschrieben hat: »Für ein Verständnis unseres politischen Freiheitsbegriffs, wie er in seinem Ursprung in der griechischen Polis erscheint, ist diese enge Verbundenheit des Politischen mit dem Homerischen von großer Bedeutung.«

Franz Kafka (1883–1924)

»Die Lüge wird zur Weltordnung gemacht.« Die Kafka-Lektüre – ganz zentral dieses berühmte Zitat aus *Der Prozess* – hilf Arendt, wesentliche Merkmale der totalen Herrschaft zu erkennen und in Worte zu fassen. Sie schreibt in einer Rezension über Hermann Brochs *Die Schlafwandler*: »Kafka ist dagegen nur in begrenztem Umfang unser Zeitgenosse. Es ist, als schriebe er bereits vom Zeitpunkt einer entfernten Zukunft aus, als hätte er nur in einer Welt zu Hause sein können, die ›noch nicht‹ ist.«

Tania Blixen bzw. Isak Dinesen (1885–1962)

»Alle Sorgen sind zu ertragen, wenn man sie in eine Geschichte packen oder eine Geschichte über sie erzählen kann.« Arendt zitiert diese Aussage von Dinesen mehrfach in ihrem Werk, unter anderem als Motto des Kapitels über das Handeln in *Vita activa*. Die große Geschichtenerzählerin, die die meisten als Autorin der Romanvorlage des Films *Jenseits von Afrika* kennen, hat für Arendt das Wesentliche des Erzählens erkannt: die Treue gegenüber dem Leben.

Bertolt Brecht (1898–1956)

Brecht beeindruckte Arendt vor allem durch seine Fähigkeit und seinen Mut, die Dinge so auszusprechen, wie sie sind: »Von den Dichtern erwarten wir Wahrheit.« (*Denktagebuch*). In ihrer Zeit im Lager Gurs spendet ein Gedicht von Brecht Hoffnung: »dass das weiche Wasser in Bewegung / Mit der Zeit den harten Stein besiegt. / Du verstehst, das Harte unterliegt.«

Nathalie Sarraute (1900–1999)

»Vor allem musst Du wahr zu Dir selber sein.« In Sarraute findet Arendt eine Wahlverwandte, die mit Humor und Witz der Wahrheit und den Tatsachen auf der Spur ist.

»… eine Gesellschaft, die sich blind der Notwendigkeit der in ihr selbst beschlossenen Gesetze hingibt, kann nur untergehen«: Es scheint so, als würde angesichts der ökologischen Krise genau diese Frage, auf die Arendt im Werk von Kafka trifft, in neuem Gewand auftauchen.

Wenn also der Untergangs- und der Fortschrittsglaube denselben falschen Weg aufzeigen, was ist dann die Alternative? Arendt stellt ihrer Kritik des Weltuntergangsdenkens eine Haltung an die Seite, die sie die »Liebe zur Welt« nennt, oder immer wieder auch auf Latein, »Amor Mundi«. In ihr *Denktagebuch*, das Arendt zwischen 1950 und 1973 führt und das 28 durchnummerierte Schreibhefte umfasst, schreibt Arendt im Juli 1955:

> Amor Mundi: Handelt von der Welt, die sich als Zeit-Raum bildet, sobald Menschen im Plural sind – nicht mit-, nicht neben-einander, reine Pluralität ist genug! (das reine Zwischen) – [der Welt], in der wir dann unsere Gebäude errichten, uns einrichten, ein Permanentes hinterlassen wollen, zur der wir gehören, insofern wir im Plural sind, der wir ewig fremd bleiben, solange wir auch im Singular sind, von deren Pluralität her wir überhaupt unsere Singularität nur bestimmen können. Sehen und Gesehen-werden, Hören und Gehört-werden im Zwischen.

Die Liebe zur Welt zu leben bedeutet, diesen Zwischenraum des Erscheinens anzunehmen und darauf zu vertrauen, dass im gemeinsamen Handeln, in diesem Zwischen, eine Welt entsteht. Die Rettung kann für sie nur aus diesem Zwischen kommen.

Wer die Welt liebt, will sie nicht verändern.

Diese Haltung bedeutet nicht, dass alles bleiben soll, wie es ist. Wer die Welt liebt, lässt zu, dass sie sich im Handeln wandelt.

Angesichts von Krisen und Katastrophen, die nach Weltrettungsplänen zu verlangen scheinen, ruft Arendt dazu auf, Handeln nicht durch Herstellen zu ersetzen. Auch nicht für eine bessere Welt. Jeder Versuch, die Welt nach einer planerischen Blaupause oder politischen Ideologie zu ändern, wird nach Arendt in sein Gegenteil kippen und das Handeln und damit den besten Problemlösemechanismus, den wir als Gesellschaften haben, be- oder verhindern. Sie notiert im Dezember 1952 in ihr *Denktagebuch*:

> Die Welt verändern zu wollen, d. h. das Verändern aus der Sphäre des Handelns in die des Tuns zu übertragen, wäre komisch – weil man ja gerade das per definitionem Veränderliche ändern will –, wenn es nicht möglich wäre. Indem man dem Handeln Zwecke vorschreibt (d. h. es hindert, seinen Sinn zu entfalten), macht man es zum Tun und entfernt gerade das Element des Veränderlichen. In anderen Worten: Das »Verändern der Welt« läuft immer darauf hinaus, Menschen am Handeln und am Verändern definitiv zu hindern.

Den Kapitalismus und die liberalen Demokratien hat Arendt von dieser Kritik nicht ausgenommen. Die modernen Arbeits- und Konsumgesellschaften sind ebenfalls von einem weltlosen Neben- und Miteinander geprägt. Wer nur konsumiert und arbeitet, dem liegt nichts an der Welt. Arendt beobachtet bereits in den USA der späten 1950er Jahre bei den Eltern einen Unwillen, Verantwortung für die Welt zu übernehmen, der sich darin zeigt, wie sich Erwachsene den Kindern gegenüber verhalten:

> Deutlicher konnten moderne Menschen ihre Unzufriedenheit mit der Welt, ihr Unbehagen mit dem Bestehenden gar

> nicht äußern, als durch die Weigerung, ihren Kindern gegenüber die Verantwortung für all das zu übernehmen. Es ist, als ob sie ihnen täglich sagten: In dieser Welt sind auch wir nicht sehr verlässlich zu Hause, und wie man sich in ihr bewegen soll, was man dazu wissen und können muss, ist auch uns nicht sehr gut bekannt. Ihr müsst sehen, wie ihr durchkommt; uns jedenfalls sollt ihr nicht zur Verantwortung ziehen können, wir waschen unsere Hände in Unschuld.

Diese Sätze, die Arendt 1958 in dem Vortrag *Die Krise in der Erziehung* (*Zwischen Vergangenheit und Zukunft*) formuliert, könnten von heute sein. Während Arendt die Weigerung der Erwachsenen, Verantwortung für die Welt zu übernehmen, anprangert, hat sie großes Verständnis für die junge Generation, die in ihren Augen die erste ist, die sich mit der Möglichkeit des Weltuntergangs konkret auseinandersetzen muss. Was für uns heute die Klimakatastrophe ist, ist in den 1960er Jahren die Möglichkeit der atomaren Vernichtung der Menschheit.

> Bei der neuen Generation haben wir es mit einer Menschengruppe zu tun, der die unheimlich destruktiven Tendenzen des rasanten technischen »Fortschritts« der letzten Jahrzehnte in Fleisch und Blut sitzen, sie ist »gleichsam die Inkarnation der Zukunftsprobleme, die der älteren Generation abstrakt und unverständlich erscheinen«. Daß diese jüngere Generation stärker im Bewußtsein eines Jüngsten Gerichts, das die Menschheit sich selbst bereitet, lebt als die »über Dreißig«, ist nur natürlich, nicht weil sie jünger sind, sondern weil dies ihre ersten und entscheidenden Erfahrungen in der Welt waren.

Es gibt einen Grund, warum dieser Absatz, der die Student:innenbewegung der späten 1960er Jahre beschreibt, so klingt, als hätte Arendt damit Fridays for Future, Extinction Rebellion oder die Letzte Generation gemeint. Was heute die Bedrohungen durch die menschengemachte Klimakrise und das Artensterben sind, dem entsprach damals die Sorge vor der Vernichtung durch einen Atomkrieg. Die Atombombe treibt die Logik militärischer Rationalität, Gewalt als Mittel zur Durchsetzung von Zielen einzusetzen, auf die Spitze und führt die Logik des Krieges durch ihre gewaltige Zerstörungskraft ad absurdum. Die Atombombe funktioniert nur noch als Abschreckung, eingesetzt kann sie angesichts des Potentials der vorhandenen Sprengköpfe, die Welt Hunderte Male vollständig zu vernichten, nicht mehr. Ein Atomkrieg, schreibt Arendt, »kann überhaupt nicht mehr als ›Mittel‹ betrachtet werden, es sei denn als ›Selbstmordmittel für die ganze Welt‹«. Die Atombombe wirft, ebenso wie der vom Menschen verursachte Klimawandel, der große Teile der Erde in nur wenigen Jahrzehnten unbewohnbar machen wird, ganz grundsätzlich die Frage nach dem Verhältnis von Technik, Natur und Politik auf.

Urteilen, aber kräftig!

Ein weiteres wichtiges Element von Arendts Denkhaltung und Denkpraxis im Sinne der Liebe zur Welt ist die Urteilskraft. Urteilen bedeutet, die Welt vom Standpunkt der Pluralität zu betrachten – etwas, das Immanuel Kant die »erweiterte Denkungsart« genannt hat. Leider hat Arendt ihr Buch, in dem sie sich systematisch mit dem Urteilen befassen wollte, nicht mehr schreiben können: Das Deckblatt mit den Eingangszitaten fand man nach ihrem Tod in ihrer Schreibmaschine. Dennoch taucht das Urteilen als die Kunst, politisch zu denken, an vielen Stellen in Arendts Werk auf, so dass wir ihre Gedanken zur Urteilskraft recht gut rekonstruieren können.

So ist es Arendt in der Lehre an der Universität überaus wichtig, die Studierenden nicht zu belehren, sondern zum Urteilen anzuleiten. Die erste Voraussetzung für die Entwicklung von Urteilskraft ist die Unabhängigkeit im Denken. Für Arendt ist es nicht vorstellbar, Hochschullehre als bloße Wissensvermittlung zu begreifen. Auf der ersten Konferenz zu ihrem Werk, die 1972 in Toronto stattfindet, antwortet sie auf die Frage, ob sie andere unterweisen würde:

> Nein, ich würde Sie nicht unterweisen, und ich würde denken, daß es anmaßend von mir wäre, das zu tun. Ich denke, sie sollten unterwiesen werden, wenn Sie mit Ihresgleichen am Tisch sitzen und Meinungen austauschen. Irgendwie aus dieser Situation heraus sollte dann eine Unterweisung kommen: nicht für Sie persönlich, aber darüber, wie die Gruppe handeln soll. Und ich denke, daß jeder andere Weg des Theoretikers, der seinen Studenten erzählt, was sie denken und wie sie handeln sollen, ... Mein Gott! Sie haben es mit erwachsenen Menschen zu tun! Wir sind doch nicht im Kindergarten!

Ein wichtiger Bezugspunkt und ein Vorbild für Arendt ist der Aufklärer Gotthold Ephraim Lessing und seine Haltung des Selbstdenkens, die sie so beschreibt: »Er wollte nicht nur von niemandem gezwungen werden, sondern auch niemanden zwingen.« Bei Lessing findet Arendt eine Aufklärung, die nicht mit dem Anspruch auftritt, von oben herab belehren zu wollen, sondern den Dialog der Intelligenzen sucht. Lessing betrachtete seine eigenen Ideen als *Fermenta cognitionis*, also bloß als Antrieb und Beschleuniger für die Gedanken anderer und als Ansporn, selbst zu denken. Dieses Selbstdenken geschieht jedoch nicht losgelöst und im luftleeren Raum, sondern hat gewisse Grundlagen und Voraussetzungen. Die erste davon ist Mut: »Dass Denken nicht nur Intelligenz und Tiefsinn, sondern vor allem Mut erfordert, ist uns noch halbwegs bekannt.«

Doch das Selbstdenken hängt nicht allein von mutigen Individuen ab, sondern hat gewissermaßen soziale Voraussetzungen: eine freundliche, vertrauensvolle Umgebung, einen Raum, in dem es sich entwickeln kann, und ein gewisses Maß an gelebter und geteilter Freiheit, ohne die es nicht gelingen kann. Es ist, wie Arendt in ihrer Lessingpreisrede (*Menschen in finsteren Zeiten*) ausführt,

> an den Raum gebunden, in dem es viele Stimmen gibt und wo das Aussprechen dessen, »was Wahrheit dünkt«, sowohl verbindet wie voneinander distanziert, ja diese Distanzen zwischen den Menschen, die zusammen dann die Welt ergeben, recht eigentlich schafft.

Dazu gehört für Lessing und Arendt auch die Kunst des freundschaftlichen Streitens: Freunde müssen nicht immer einer Meinung, aber in der Lage sein, die Meinung des anderen als Meinung anzuerkennen, die neben der eigenen existieren kann – und leidenschaftlich und vertrauensvoll über diese Meinungen diskutieren können, ohne die Freundschaft zu gefährden. Das ist eine ziemlich anspruchsvolle Definition von Freundschaft, deren Praxis sicher nicht immer gut gelingt.

Manchmal wünschen wir uns, gerade in schweren Zeiten, Einvernehmen. Arendt findet diese Schwierigkeit auch bei Lessing, der mit der Welt und den Freundschaften nicht immer im Einklang stand. Arendt führt das auf den unzureichenden Zustand der Öffentlichkeit zurück, die auch zu Lessings Zeit »finster« war.

Daraus ergibt sich auch, dass wir für das unabhängige Denken mehr brauchen als nur individuell Mutige, die ihre Meinung offen und furchtlos äußern. Es geht um den Zustand der Öffentlichkeit, in der es erstens möglich sein muss, seine Meinung frei zu äußern und diese auch anerkannt oder zumindest akzeptiert zu wissen. Diese Öffentlichkeit entsteht erst, wenn viele ihre Meinung äußern, wenn es Räume gibt, in denen dies vertrauensvoll geschehen kann, wenn es mehr als nur eine Meinung gibt und verschiedene Perspektiven aufeinandertreffen können. Eine solche Haltung setzt damit ein großes Vertrauen in die Öffentlichkeit voraus, als Raum, in dem es überhaupt möglich ist, auf diese Weise vorbehaltlos zu sprechen.

Was sich aus dem Selbstdenken beinahe schon ergibt, ist ein weiteres wichtiges Element des Urteilens: die Vorstellungskraft oder der Perspektivwechsel. In Arendts Notizen zu einem Seminar, das sie 1955 an der University of California in Berkeley hielt, findet sich folgende Aufgabenstellung:

> Sie sollten sich vorstellen, wie die Welt von dem anderen Standpunkt aus aussieht, wo sich diese Menschen befinden. Die Annahme ist: es ist die gemeinsame Welt von uns allen, und das, was zwischen mir und diesem anderen Ort liegt wie der Tisch, trennt und verbindet einen zugleich mit ihm. Das ist die Bedeutung von EINER Welt.

Dabei bedeutet der Perspektivwechsel, wie Arendt betont, nicht, andere zu verstehen, z. B. ihre inneren Beweggründe oder Motive, sondern die Perspektiven der anderen auf die gemeinsame Welt. »Alle Seiten einer Sache zu sehen« wird nach Arendt nicht nur der Welt gerecht, sondern ist auch die Voraussetzung, vom Denken ins Handeln zu kommen. Das Urteilen bereitet Entscheidungen vor, indem es Orientierung stiftet. Es bedeutet, die verschiedenen Perspektiven auf eine Situation zu betrachten, aber auch abzuwägen, welche Handlungen der Situation angemessen sind. Das betrifft auch das Verhältnis zwischen Expert:innenwissen und politischem Handeln. Die verschiedenen Expertisen können dabei immer nur die Grundlage für politische Entscheidungen liefern, erläutert Arendt im Gaus-Interview:

> Der Staatsmann muß ja schließlich die Entscheidung treffen. Er kann sie sachgemäß ja kaum treffen. Er kann ja all das gar nicht wissen. Er muß es nehmen von Experten und zwar von Experten, die sich prinzipiell immer widersprechen müssen. Nicht? Jeder vernünftige Staatsmann holt sich die entgegengesetzten Expertisen ein. Denn er muß die Sache ja von allen Seiten sehen. Nicht wahr? Dazwischen muß er urteilen. Und dieses Urteilen ist ein höchst mysteriöser Vorgang. In dem äußert sich dann der Gemeinsinn.

Dies ist insbesondere für unsere heutige Situation, in der wissenschaftliche Erkenntnisse über die Zerstörung der Natur und damit der Lebensgrundlagen unserer Gesellschaften ein anderes Handeln erfordern, von großer Bedeutung. Wenn die Klimabewegung »follow the science« fordert, ist dies zu kurz gegriffen, denn auch gut begründete wissenschaftliche Handlungsempfehlungen wie die des Weltklimarats müssen noch abgewogen, beurteilt und ins politische Handeln überführt werden. Zu urteilen bedeutet nicht nur, Interessen, Perspektiven und Wissen abzuwägen, sondern es enthält darüber hinaus auch eine zeitliche Komponente. Das Urteilen erlaubt eine Orientierung »zwischen Vergangenheit und Zukunft«, ja, Arendt nutzt das Urteilen als eine Art Orientierungsmittel in der Auseinandersetzung mit der Vergangenheit. Sehr deutlich sagt sie dies in einem Brief, den sie im Streit um die richtige Haltung zum Eichmann-Prozess an Gershom Scholem schreibt:

> Und wenn Sie vielleicht recht haben, daß es ein »abgewogenes Urteil« noch nicht geben kann, obwohl ich es bezweifle, so glaube ich, daß wir mit dieser Vergangenheit nur fertig werden können, wenn wir anfangen zu urteilen, und zwar kräftig.

Politik als Sorge um die Welt

Es ist beinahe unheimlich, wie aktuell Arendt erscheint. Als ordentlich ausgebildete Ideengeschichtlerin gehen bei mir aber zunächst die Alarmglocken an. Es wäre zu einfach und verkürzt, in Arendt eine Art Hellseherin oder Stichwortgeberin für unsere Gegenwart zu sehen. Warum Arendts Texte heute auf diese Weise zu uns sprechen, hat meiner Beobachtung nach auch einen ganz anderen Grund (und nebenbei glaube ich auch gar nicht an Hellseherei). Es scheint eine subversive Verbindung zwischen den Themen, die Arendt bewegen, und unserer Zeit zu geben. Vielleicht ist es auch so, dass es dieselben Themen und Grundkonstellationen der Moderne sind, die uns immer wieder einholen und in neuer Form auftauchen. Es sind grundsätzliche Fragen über das Verhältnis von Mensch und Natur, von der Möglichkeit eines menschengemachten Weltuntergangs.

Arendt wird nur selten als ökologische Theoretikerin oder Vordenkerin der Nachhaltigkeit gelesen. Das liegt daran, dass Arendts Hauptthemen die totale Herrschaft, Menschenrechte und die Geschichte der Revolutionen sind. Zum Abschluss der Arendt-Reise möchte ich zu einer Erkundung einladen, wie mit Arendt eine Deutung unserer heutigen Welt gelingen kann. Hier gehen Arendts Hauptthemen eine neue Verbindung mit den Erfahrungen ein, die wir heute in der und mit der Welt machen. Es wäre langweilig und vom Ansatz her auch falsch, herausfinden zu wollen, wo und mit welchen Diagnosen Arendt recht behalten hat und wo sie gewissermaßen historisch widerlegt ist. Mich interessiert vielmehr, wo und wie Arendts Gedanken helfen können, die Erfahrungen der Gegenwart zu verstehen und mit Sinn zu versehen. Gerade der etwas fremde Blick aus einer vergangenen Zeit kann hier hilfreich sein. Walter Benjamin hat dies einmal als das reinigende Feuer der aktualisierenden Kritik bei der Interpretation von Literatur beschrieben: Je älter ein Text wird, desto stärker fällt das Zeitgenössische von ihm ab und desto stärker wird sein Wahrheitsgehalt erkennbar. Benjamin hat das mit dem schönen Bild des »Tigersprungs ins Vergangene« beschrieben.

Der größte Funken scheint mir bei Arendts Begriff von Politik als Sorge um die Welt herauszuspringen: Es ist vor allem Arendts Glaube an die Kraft der Veränderung durch politisches Handeln und die Überzeugung, dass die Krise, in der wir uns befinden, keine ausweglose ist, wenn sich Menschen zusammentun und sich um die gemeinsame Welt kümmern. Mit

Arendt und über Arendt hinaus lässt sich hier einen Schritt weitergehen und von Politik als Sorge um die Erde sprechen und das Handeln im Anthropozän – das Zeitalter, in dem der Mensch zum prägenden Naturfaktor wird – erkunden.

Es ist überraschend, diese meist vernachlässigte Seite von Arendt zu entdecken, ihre Gedanken zum Verhältnis von Mensch und Natur, die immer auch Einsprengsel zu einer ökologischen Theorie der Politik enthalten. In ihrem *Denktagebuch* findet sich sogar eine Skizze zur Geschichte von Mensch, Natur und Technik. Sie beschreibt diese Geschichte als das sukzessive Eindringen von Naturkräften in den menschlichen Bereich, der im »Urzustand« noch frei und »unbeeinflusst« davon sei.

1. Im ersten Schritt stellen die Menschen Gegenstände aus dem Material her, das sie in der Natur vorfinden.
2. Im zweiten Schritt macht sich der Mensch fundamentale Naturkräfte wie Wind und Wasser zunutze.
3. Im dritten Schritt imitiert der Mensch die Naturkräfte und stellt sie selbst her: Dampfmaschinen und Verbrennungsmotor zeugen von einer Beherrschung der Naturgesetze.
4. Im vierten Schritt und der Erfindung der Atomtechnik geht der Mensch einen Schritt weiter: Es werden Prozesse entfesselt, die nicht mehr beherrschbar sind.

Allein die Fähigkeit, auf diese tiefgreifende Weise in die Natur hineinzuhandeln – bis hin zur potentiell vollständigen Zerstörung der menschlichen Zivilisation durch einen Atomkrieg –, verändert das Verhältnis von Gesellschaft und Natur grundlegend. Und es entsteht ein neuer Blick auf die Erde: Durch die Raumfahrt, die ersten Satelliten und schließlich die Reise von

Menschen auf den Mond wird ein Blick von außen auf die Erde möglich, die zum ersten Mal als Ganzes betrachtet werden kann. Über den Start des ersten Satelliten schreibt Arendt auf der ersten Seite von *Vita activa*:

> An Bedeutung steht das Ereignis des Jahres 1957 keinem anderen nach, auch nicht der Atomspaltung, und man hätte meinen können, daß es trotz aller Sorge um die militärischen und politischen Begleitumstände von den Menschen mit großem Jubel begrüßt werden würde. Seltsam, der Jubel blieb aus …

Es ist, als ob plötzlich eine Grenze sichtbar würde. Eine Grenze des verantwortungsvollen Handelns. Das Vernichtungspotential der Atomwaffen untergräbt jede Möglichkeit verantwortungsvollen Handelns. Hier Verantwortung zu übernehmen, bedeutet, dafür einzutreten, dass diese Technologien nicht mehr zum Einsatz kommen und zurückgenommen werden.

Das Bild des Planeten Erde, das am 7. Dezember 1972 von der Besatzung des Raumfahrzeugs Apollo 17 in einer Entfernung von etwa 29 000 Kilometern von der Oberfläche aufgenommen wurde, ist eines der am häufigsten reproduzierten Bilder der Menschheitsgeschichte. Die Aufnahmen von der Erde, die Satelliten und Astronauten der Apollo-Missionen aus dem Weltraum zurück auf die Erde bringen, werden schnell zu Ikonen der Ökologiebewegung. Das Bild der blauen Murmel im schwarzen All ist beispielsweise auf den Covern des *Whole Earth Catalog* abgebildet, der eine wichtige Institution der amerikanischen Alternativ- und Ökologiebewegung und so eine Art Proto-Internet zum Austausch alternativer Ideen und Produkte war.

Arendts Appell, die Zukunft nicht im Weltall zu suchen, wird auf eindrückliche Weise von der Erfahrung des sogenannten *Overview Effect* unterstrichen, ein recht harmlos klingender Name für einen tiefgreifenden Schock, der Astronaut:innen treffen kann, wenn sie die Erde als kleine blaue Kugel in der Schwärze des Alls erblicken. William Shatner, bekannt als Captain Kirk in der Fernsehserie *Raumschiff Enterprise*, fliegt 2022 mit 90 Jahren das erste Mal tatsächlich in den Weltraum. Es passiert, womit er selbst nicht gerechnet hat.

Seine Faszination für kosmische Phänomene, Supernovae, schwarze Löcher und ferne Galaxien, seine Erwartung der atemberaubenden Schönheit des Universums kippt ins Entsetzen. Er sieht sich mit einer unwirtlichen und unendlichen Leere konfrontiert. Als er seinen Blick auf die Erde richtet, sieht er hingegen einen Planeten voller Leben. Er wird von einem tiefen Gefühl der Trauer überwältigt, als er an die Verheerungen denkt, die der Mensch dem Leben auf der Erde zufügt: das Aussterben unzähliger Arten, die Vernichtung des Lebensraums von Pflanzen und Tieren, der Verlust von Milliarden Jahren Evolution. Seine Reise ins All, die Anlass zur Feier hätte sein sollen, wird stattdessen zu einer düsteren Klage. Zahlreiche Astronaut:innen wie Juri Gagarin, Michael Collins und Sally Ride haben Ähnliches erlebt, auch sie sind von einer plötzlichen, unaussprechlichen Erkenntnis der Verletzlichkeit der Erde im Angesicht der unermesslichen Weite des Kosmos ergriffen worden. Es macht mich traurig, dass wir nicht auf sie hören.

Wir erleben gegenwärtig eine der größten Krisen in der Geschichte moderner Gesellschaften, die man mit einiger Berechtigung eine Zivilisationskrise nennen kann: In planetarischem Maßstab vernichten wir unsere natürlichen Lebensgrundlagen und bringen die natürlichen Stoffkreisläufe aus dem Gleichgewicht. Die Liste der kritischen Entwicklungen umfasst unter anderem den menschengemachten Klimawandel und seine Folgen, die Vernichtung der Biodiversität, das Entgleisen des Stickstoffkreislaufs, die Bodenerosion und den Verlust an fruchtbaren Böden, die Versauerung der Ozeane, Wassermangel und Wasserverschmutzung. Ich habe einmal in einem politikwissenschaftlichen Seminar mit den Studierenden zusammen diese »Megatrends des Erdsystems«, wie der

Wissenschaftliche Beirat der Bundesregierung zu globalen Umweltveränderungen WBGU dies einmal in einem Gutachten genannt hat, zusammengetragen. Bei der Vorstellung der Ergebnisse kamen wir nur bis zur Hälfte, dann baten die Studierenden darum, die Fortsetzung auf die nächste Stunde zu vertagen, da das schiere Ausmaß der globalen Krisen zu belastend und nicht auf einmal zu verkraften sei.

Die Folgen dieser Krisen für die Zukunft sind tatsächlich unabsehbar und werden das Leben künftiger Generationen, einschließlich der heute geborenen, stark beeinträchtigen. Die blaue Murmel in der Schwärze des Alls scheint das perfekte Bild für unsere Gegenwart zu sein. Die Verwüstungen des globalen Kapitalismus entstehen durch abstrakte ökonomische Beziehungen. Arendts Kritik der Moderne zeigt, wie diese Abstraktion zur Entmündigung und Entwertung der sinnlichen Wahrnehmung führt und auch das politische Miteinander untergräbt. Die Ausbeutung der Ressourcen unseres Planeten ist nicht Freiheit. Stattdessen können wir innerhalb der Grenzen dieses Planeten zusammen handeln. Die Naturzerstörung zu stoppen, würde bedeuten, zukünftigen Generationen ein Leben in Freiheit zu ermöglichen: die Freiheit, zu handeln und die Welt zu gestalten.

Vielleicht reicht dafür eine Politik des Appells nicht mehr aus. Das zeigen die Erfahrungen von Fridays for Future, Extinction Rebellion oder der Letzten Generation. Appelle an die Vernunft der Erwachsenen oder moralischer Druck führen uns nicht zu den Zielen, die diese Bewegungen verkörpern: das Pariser Klimaabkommens einzuhalten, die Biosphäre zu schützen und eine lebenswerte Zukunft für die jetzt jungen und die künftigen Generationen zu ermöglichen. Es gibt das Wissen und die Technologie, es gibt eigentlich alles, was wir brauchen, um unsere globalen Gesellschaften nachhaltig weiterzuentwickeln, um nicht mehr die Belastungsgrenzen unseres Planeten zu überschreiten. Die ökologische Krise, die alle Bereiche des gesellschaftlichen Zusammenlebens betrifft und grundlegend die Art und Weise in Frage stellt, wie wir leben, ruft nicht nur nach Problemlösungen im Modus politischen Handelns, sie ruft nach einer Neugründung. Nein, nach vielen Neugründungen: in allen Regionen, Gemeinschaften und Staaten dieser Erde. Ich wünsche mir, dass ein Neuanfang heute und für das Leben künftiger Generationen möglich ist. Wir wissen vielleicht nicht genau, wie. Doch mit Arendt werden die wesentlichen Zutaten greifbar: Wir müssen den Mut zur Veränderung mit der größtmöglichen Bescheidenheit, dem Wissen um die Grenzen des Handelns, kombinieren.

Das 21. Jahrhundert ist nicht Arendts, und sie kann die Fragen, die von heute sind, nicht für uns beantworten. Wir müssen uns unserer Gegenwart selbst stellen, sie durchdenken und durchkneten, den Erfahrungen nachspüren und – kräftig urteilen und handeln. Hierfür gibt es keine Blaupause, keine historischen Beispiele. Das Anthropozän ist eine völlig neue Welt, die ein ebenso neues politisches Denken braucht. Nähren kann es sich von den Bruchstücken der Korallen, die die Perlentaucher:innen von heute aus der Tiefe des Vergangenen holen. Was klar ist, ist, dass die Krise der Demokratie und der ökologischen Stabilität heute viel offensichtlicher miteinander verquickt sind als zu Arendts Zeiten. Mich hat jedoch erstaunt, zu lernen, wie sehr diese Verbindungen und Wechselwirkungen mindestens ab den 1960er Jahren doch schon im öffentlichen Bewusstsein waren. Es sind Fundstücke aus der Vergangenheit, die uns heute helfen, die Lage, in der wir uns befinden, etwas besser zu verstehen.

Hannah Arendt hat keine Theorieschule begründet wie etwa Horkheimer und Adorno mit der Kritischen Theorie. Zwar ist Arendts Einfluss auf das politische Denken durchaus vernehmbar, wie zum Beispiel bei den Philosophinnen Julia Kristeva oder Seyla Benhabib, die sich auf Arendt beziehen. Doch mir scheint, als sei die Bedeutung Arendts eher an ihrer öffentlichen und über die Universitäten hinausgehenden Wirkung zu bemessen. Arendt wird gelesen und inspiriert Politiker:innen und Aktivist:innen wie Luisa Neubauer von Fridays for Future. Das passt natürlich hervorragend zu Arendts eigenem Anspruch einer welt- und erfahrungsgesättigten politischen Theorie. Sie erinnert uns daran, dass der Glaube an die Notwendigkeit immer schon der Schritt in den Untergang ist. Nichts muss so weitergehen. Menschen können immer neu beginnen. Arendt erinnert uns auch daran – und das ist neben dem Hoffnung stiftenden ersten Gedanken beinahe der wichtigere –, dass die Möglichkeit der Freiheit und die Macht der Vielen sich nur in begrenzten Räumen des Miteinander-Handelns entfalten kann.

> Wir sind Zeitgenossen nur so weit, wie unser Verstehen reicht. Wenn wir auf dieser Erde zu Hause sein wollen, müssen wir sogar um den Preis des Zu-Hause-Seins-in-diesem-Jahrhundert versuchen, an dem unendlichen Dialog mit seinem Wesen teilzunehmen.

Arendt spricht mit starker Stimme aus dem vergangenen Jahrhundert zu uns. Viele ihrer Erfahrungen sind auch im 21. Jahrhundert noch relevant. Viele Ereignisse unserer Tage rufen Erinnerungen an das 20. Jahrhundert wach, insbesondere das Erstarken rechtsextremer Bewegungen und Parteien, die Zunahme kriegerischer Konflikte und des globalen Antisemitismus. Doch wiederholt sich Geschichte nicht einfach. Von Arendt zu lernen, bedeutet auch, sich der eigenen Gegenwart mit eigener Urteilskraft zu stellen und zu verstehen, was passiert. Sie zum Vorbild zu nehmen, bedeutet für mich in erster Linie, sich ihr scharfes Urteil, ihre Streitbarkeit und ihren Mut, sich zwischen alle Stühle zu setzen, als Beispiel anzueignen. Dazu gehört auf der einen Seite, über politische Lager und Gesinnungen hinweg Brücken zu schlagen und zusammen ins Handeln zu kommen, auf der anderen Seite jedoch auch, Verantwortung zu übernehmen und dort stehen zu bleiben, wo man erkannt hat, dass etwas richtig ist. Es ging Arendt nie um die eigene Berühmtheit, sondern um die gemeinsame Welt. Und das ist eine Haltung und eine Tugend, die nicht nur einigermaßen selten zu finden ist, sondern auch dort, wo man ihr heute begegnet, viel zu wenig Anerkennung findet.

Arendt wird nach ihrem Tod im Dezember 1975 auf dem Gelände des Bard-College im Städtchen Annandale-on-Hudson, wo Heinrich Blücher gelehrt hat und sich heute das Hannah Arendt Center mit Arendts Bibliothek befindet, neben ihrem Mann beigesetzt. Nach seiner Beerdigung fünf Jahre zuvor hatte Arendt an ihre Freundin Mary McCarthy geschrieben: »Der Friedhof ist ein Stück Wald mit Gedenksteinen hier und dort, nicht mal wirklichen Gräbern. Sehr gut, sehr richtig.«

Hannah Arendt: Ein Lesereiseführer

Das Buch *Vita activa oder Vom tätigen Leben* gilt als das philosophische Hauptwerk Arendts. Es ist jedoch trotz dieses Rufs recht sperrig, wenn nicht gar unzugänglich und lässt den Funken von Arendts Denken nicht so gut wie viele ihrer anderen Texte überspringen. Dies war zumindest meine Erfahrung. Nachdem ich als Jugendliche zuerst *Vita activa* gelesen hatte, hielt ich Arendt für eine ziemlich altmodische Philosophin, die sich mit Vorliebe mit den alten Griechen und Römern beschäftigt. Erst die Lektüre von *Elemente und Ursprünge totaler Herrschaft* hat mich in der Verbindung von Theorie, Erfahrung und Geschichte so richtig angefixt. Aber das Buch ist mit seinen über 900 Seiten doch ein dicker Brocken. Ich empfehle daher zum Einstieg die wunderbaren kürzeren Texte von Arendt, die unter anderem in den Bänden *Zwischen Vergangenheit und Zukunft* und *In der Gegenwart*, die den sprechenden Untertitel »Übungen im politischen Denken« tragen, zu finden sind. Die Porträts in *Menschen in finsteren Zeiten* haben einen ähnlichen Charakter. Sehr lesenswert sind auch die Briefwechsel mit ihrem Mann Heinrich Blücher, ihrem Mentor Karl Jaspers, ihrer Freundin Mary McCarthy und vielen weiteren, die inspirierende und berührende Einblicke in Arendts Leben, ihr Denken und in ihre Fähigkeit, Freundschaften zu pflegen, gewähren. Wer Lust hat, noch tiefer in Arendts Denkbewegungen einzutauchen, und nachvollziehen will, wie Arendt gearbeitet hat, sollte sich das *Denktagebuch* ansehen, das Aufzeichnungen aus den Jahren 1950 bis 1973 enthält und gewissermaßen der Experimentierkasten für Arendts Denken und Schreiben ist.

Bislang ist Arendts Werk hauptsächlich als Leseausgabe im Taschenbuch beim Piper Verlag erschienen, viele davon ganz frisch in einer Neuedition mit neuen Nachworten und aktuellen Einordnungen. Seit 2018 arbeitet zudem ein internationales Herausgeber:innenteam an einer kritischen Gesamtausgabe, die das Werk Hannah Arendts zum ersten Mal vollständig zugänglich macht, inklusive bisher unveröffentlichter Texte. Das Besondere an der Ausgabe ist, dass sie sowohl gedruckt als auch digital erscheint. Die ersten Bände sind bereits erhältlich. Unter https://hannah-arendt-edition.net sind beide auch digital einsehbar.

Arendts Texte sind der beste Zugang zu ihrer politischen Theorie. Doch es gibt eine Reihe von spannenden Büchern, Zeugnissen und Dokumenten, die es sich ebenfalls anzuschauen lohnt und die für einen guten Einstieg oder eine gute Lektürebegleitung sorgen.

Arendt-Lektüretipps für den Einstieg

Zwischen Vergangenheit und Zukunft. Übungen im politischen Denken I. München 2012. Erstveröffentlichung 1994.

In der Gegenwart. Übungen im politischen Denken II. München 2012. Erstveröffentlichung 2000.

Menschen in finsteren Zeiten. München 2012. Erstveröffentlichung 1989.

Die verborgene Tradition. Acht Essays. Berlin 2016. Erstveröffentlichung 1976.

Vor Antisemitismus ist man nur noch auf dem Monde sicher. München 2019. Erstveröffentlichung 2000.

Macht und Gewalt. Berlin 2024. Erstveröffentlichung 1970.

Eichmann in Jerusalem. Ein Bericht über die Banalität des Bösen. München 2022. Erstveröffentlichung 1963.

Elemente und Ursprünge totaler Herrschaft. Antisemitismus, Impe-

rialismus, Totalitarismus. München 2023. Erstveröffentlichung 1955.
Über die Revolution. München 2020. Erstveröffentlichung 1963.
Denktagebuch 1950–1973. München 2020. Erstveröffentlichung 2002.

Fernsehinterview

Das Fernsehinterview ist der vielleicht beste Erstkontakt mit Hannah Arendt, den man haben kann. Günter Gaus, in dessen berühmter Gesprächsreihe *Zur Person* es am 28. Oktober 1964 im ZDF ausgestrahlt wurde, ist ein kongenialer Fragensteller. Er entlockt Arendt viele Schlüsselszenen aus ihrem Leben und Erhellendes zu ihren zentralen Ideen und Begriffen, die sie in oft wenigen, aber einprägsamen Worten erklärt. Zudem ist das Interview ein beispielhaftes Zeugnis der bundesrepublikanischen Kulturgeschichte – die rauchende Arendt und die nüchtern-klugen Fragen von Günter Gaus sind ein Genuss! Das Video ist im Online-Archiv des ZDF frei verfügbar und abrufbar unter: https://www.zdf.de/dokumentation/zur-person/hannah-arendt-zeitgeschichte-archiv-zur-person-gaus-100.html bzw.

Spielfilm

Der 2012 in die Kinos gekommene Spielfilm *Hannah Arendt* von Margarethe von Trotta, mit Barbara Sukowa in der Rolle der Hannah Arendt, stellt Arendts Erlebnisse rund um den Eichmann-Prozess in den Mittelpunkt. Auch wenn der Film sich einige historische Freiheiten nimmt, zeichnet er ein Bild von Arendts Denkhaltung, das ihr und ihrem Werk gerecht wird.

Podcast

Hannah Arendt – Endlich verstehen. rbb 2020. Online abrufbar unter: https://www.ardaudiothek.de/sendung/hannah-arendt-endlich-verstehen/80094944.

Arendt-Roman

Ein Roman über Hannah Arendts letzten Sommer, in dem sie Urlaub im Tessin machte? Das erscheint gewagt, ist aber gut gelungen. Hannah Arendt reist in Gedanken zurück zu den wichtigsten Stationen und Menschen in ihrem Leben – und genießt dabei Waffeln, Zigaretten und die Landschaft. Leseempfehlung!

Hildegard Keller: Was wir scheinen. Hannah Arendt – poetische Denkerin. Köln 2022.

Graphic Novel

Die Graphic Novel *Die drei Leben der Hannah Arendt* von Ken Krimstein, 2019 erschienen und von Hanns Zischler ins Deutsche übersetzt, bringt den Leser:innen den Menschen Hannah Arendt nahe. Ähnlich wie in Margarethe von Trottas Spielfilm sollte man sich jedoch nicht darauf verlassen, dass die historischen Fakten im Detail stimmen.

Dokumente

In der Library of Congress in Washington liegt Hannah Arendts Nachlass, die sog. *Hannah Arendt Papers*. Hier lohnt es sich zu stöbern, denn es finden sich unter anderem Briefwechsel, Familiendokumente, Fotos, Notizen und Manuskripte. Sie sind vollständig digitalisiert und im Internet abrufbar: https://www.loc.gov/collections/hannah-arendt-papers.

Literatur über Arendt

Elisabeth Young-Bruehl: Hannah Arendt. Leben, Werk und Zeit. Frankfurt a. M. 1986. Diese Arendt-Biographie ist nach wie vor die ausführlichste und maßgebliche. Sie ist mitreißend erzählt und stellt Leben und Werk Arendts anschaulich dar.

Wolfgang Heuer, Stefanie Rosenmüller (Hrsg.): Arendt-Handbuch. Leben – Werk – Wirkung. Stuttgart ^{2}2022. Alle, die sich einen Überblick über Arendts Schriften und ihre Begriffe sowie über die wissenschaftliche Diskussion verschaffen wollen, sind hier genau richtig.

Marie Luise Knott: Verlernen. Denkwege bei Hannah Arendt. Berlin 2011. Eine kreative und Arendt leichtfüßig aktualisierende Annäherung an ihr Denken, die zugleich eine gute Einführung in Arendts spezifische Denkhaltung darstellt.

Thomas Meyer: Hannah Arendt. Berlin 2023. Thomas Meyer hat eine aktuelle und gründliche Biographie Arendts vorgelegt. Er hat mit Akribie viele neue Aspekte zu Arendts Leben in den Archiven entdeckt.

Kinderbuch

María Isabel Sánchez Vegara: Little People, Big Dreams. Hannah Arendt. Berlin 2020. In wenigen starken Bildern begegnet uns die mutige Hannah Arendt auf ihrem Weg durchs Leben.